Anton A. Bucher
Die dunkle Seite der Kirche

w w w . g a l i l a . a t

Anton A. Bucher

Die dunkle Seite der Kirche

Galila Verlag

Anton A. Bucher
Die dunkle Seite der Kirche

www.antonbucher.at
www.galila.at

Copyright © Galila Verlag, Etsdorf 2010
Alle Rechte vorbehalten
Druck und Bindung: Druckerei Theiss GmbH, A-9431 St. Stefan
Umschlaggestaltung: Antje Scheja, www.designstu.be
Typografische Gestaltung, Satz: Ekke Wolf, typic.at
Lektorat: Dr. Renate Feikes
Coverfoto: Helmut Klein
Printed in Austria
ISBN: 9783902533555

Inhalt

Im Text wird nur sparsam zitiert: Zitate aus der Bibel, dem Weltkatechismus, dem Kirchenrecht, und zwar als Endnoten (vgl. Anhang). Umfangreichere Quellenangaben sind einsehbar unter www.antonbucher.at

Allen Menschen,
die für Licht, Freiheit und Menschenwürde eintreten,
innerhalb und außerhalb der Kirche

Einleitung

Ein beklemmend düsteres Bild, das Cover dieses Buches! Ein erwachsener Mann, unschwer als Priester zu erkennen, nähert sich einem Jungen, der mit entblößtem Oberkörper auf der Bettkante sitzt, schutzlos preisgegeben. Warum nähert sich der Mann nicht einer erwachsenen Frau? Weil ihm dies die Institution, der er sein Leben weihte, verwehrt, dies ausdrücklich seit dem Zweiten Laterankonzil von 1139, das Priesterehen für nichtig erklärte. Warum einem Kind? Fühlt er sich zu ihm hingezogen, weil er ihm psychosexuell gleich geblieben ist? Sodass es schwer fällt, mit einer erwachsenen Frau anzubandeln, um mit ihr auch zu erleben, was die Evolution voranbrachte: Wirkliche »Erkenntnis«: Adam erkannte Eva?

Damit ist eine zentrale These des Buches angedeutet: Die Mentalität der römisch-katholischen Kirche ist in vielem verkindlichend, sie hemmt Entwicklung hin zu Mündigkeit und aufrechtem Gang. Bezeichnend ist das Bildwort »Mutter Kirche«, in deren Ämtern keine wirklichen Mütter sitzen dürfen. Mit ungeteilter Vollmacht ausgestattet, steht ihr ein »Heiliger Vater« vor, staatsrechtlich: Monarch oder Diktator, weil keine Gewaltenteilung zugelassen wird, eine Errungenschaft der Aufklärung, welche die Kirche lange als »teuflisch« bekämpfte. Die Gläubigen, auch wenn längst erwachsen, haben ihm »unbedingten Gehorsam des Willens und des Verstandes« zu leisten. Wenn sie dies tun, »kann sich – so der Weltkatechismus aus dem Jahre 1993[1] – eine echte Haltung *kindlicher Liebe zur Kirche* entwickeln«. In den »Hirtenbriefen« werden sie zwar nicht als »Schäflein« angeredet, sondern als »Söhne und Töchter«, an diversen Marienerscheinungsorten als »Kinder«, so am 25.4.2010 in Medjugorje (Kroatien): »Liebe Kinder! In dieser Zeit, in der ihr auf besondere Weise betet, rufe ich euch auf, meine lieben Kinder, betet, dass ich euch durch eure Gebete helfen kann.« Priester, Mönche, Nonnen lassen sich darauf verpflichten, keusch zu leben, ohne Zungenkuss, Petting, Koitus. Damit entgehen ihnen Erfahrungen, die für die evolutionär vorgegebene psychosexuelle Entwicklung notwendig sind, und sie bleiben diesbezüglich kindlich, allerdings nicht alle Priester, vielen wäre eine Ehe zu eng (gewesen). Ein Sumpfbeet für Doppelmoral!

Entwicklungspsychologisch betrachtet entsprechen viele kirchliche Maximen niedrigen, mitunter archaischen Entwicklungsstufen, nicht nur in der Sexualität, sondern auch der Hierarchie, speziell des Gehorsams. 1968 untersagte Paul VI. in der sprichwörtlichen Pillenenzyklika den Gläubigen künstliche Empfängnisregelung und erwartete sich »aufrichtigen Gehorsam ... Wie ihr wohl wisst, verpflichtet euch dieser Gehorsam nicht so sehr wegen der beigebrachten Beweisgründe, als wegen des Lichtes des Heiligen Geistes, mit dem besonders die Hirten der Kirche bei der Darlegung der Wahrheit ausgestattet sind.« Männer mit weißem Haar, sich als Hirten verstehend, als von der »Wahrheit« angestrahlt, wissen das Beste für die Schäflein, denen es vielleicht ein Problem geworden ist, dass schon viele Lämmlein gekommen sind. Selbst die finanziell mächtige Deutsche Bischofskonferenz willfahrte dem Papst, als dieser 1999 anordnete, die Kirche müsse aus der bisherigen Schwangerenberatung aussteigen. Der Kirchenvolksbegehrer Norbert Piechotta schrieb von der »unterschwelligen Angst von kleinen Jungs (die Bischöfe, A.B.) vor dem ›allmächtigen‹ Vater«.

Missbrauch an Menschen geschieht nicht nur, indem ihre Haut wider Willen berührt wird, sondern auch seelisch. Wenn ihnen schon in jungen Jahren der Skrupel eingepflanzt wird, sündig zu sein: »Durch meine Schuld«, wie zu Beginn der Gottesdienste dreimal hintereinander gebetet. »Nimm die Sünde aus dem Christentum, und es bleibt wenig übrig!« schrieb der jüdische Philosoph Aviad Kleinberg. Kinderseelen sind weich – und verletzlich. Das Buch wird seinen Fokus auf solche dunklen Befindlichkeiten in der *Seele* legen, die letztlich entscheidend ist: »Was nützt es dem Menschen, wenn er die ganze Welt gewinnt, aber an seiner Seele Schaden leidet?«[2]. Gerade um des Seelenheiles willen hat die Kirche, von Macht motiviert, Seelen verfinstert, gespalten und gebrochen. Und immer wieder zugegriffen in den tiefsten Kern des Menschen: seine Sexualität!

Kritisch mag eingewandt werden: Mit einem solchen Buch wird auf den Zug aufgesprungen, der aufgrund der Missbrauchsvorfälle in kirchlichen Bildungseinrichtungen durch die Massenmedien braust? Der Vorwurf ist ungerechtfertigt. 1997 veröffentlichte der Kösel-Verlag mein Buch »Braucht Mutter Kirche brave Kinder? Religiöse Reifung contra kirchliche Infantilisierung«. Darin analysierte ich verkindlichende Bilder, etwa die stets bis zu den Knöcheln bedeckte Maria, busenlos, unbefleckt empfangen, jungfräulich geblieben und mit Leib und Seele in den Himmel aufgenommen, seit 1950 ein »von Gott geoffenbartes Dogma«. Wie kann eine solche Gestalt Vorbild für die psychosexuelle Entwicklung von Frauen sein, die nicht vom Heiligen Geist

»heimgesucht« werden, sondern sich beflecken lassen müssen? Oder die Mentalität des Opus Dei, eine innerkirchliche »Personalprälatur«. Sie untersteht direkt dem Papst und schwor ihm bedingungslosen Gehorsam. Deren Begründer Josemaría Escrivá de Balaguer schrieb über »geistliche Kindschaft«: »Sei klein, sehr klein. – Sei nicht älter als zwei, höchstens drei Jahre«. 1975 verstorben, wurde er von Johannes Paul II. rekordverdächtig schnell am 6. 10. 2002 heilig gesprochen.

In dem Buch vertrat ich die These, diese kindliche Mentalität begünstige nicht nur kirchlichen Machterhalt: Brave Kinder gehorchen, wenn sie sich sündig und schuldig fühlen, erst recht! Sie könne auch dem Missbrauch Minderjähriger Vorschub leisten: »Aber es darf nicht verschwiegen werden und darf nicht unaufgeklärt bleiben, dass sich auch Priester gerade an Kindern und Jugendlichen vergangen haben, *denen sie hinsichtlich der eigenen psychosexuellen Entwicklung oftmals gleich sind*, über die sie aber aufgrund ihrer Weihe eine geradezu sakrosankte Macht haben.«

Bei der Niederschrift des damaligen Buches, vor mehr als zehn Jahren, imaginierte ich oft, was kirchliche Vorgesetzte dazu denken könnten. Irgendwann sollte man als Theologe schreiben, ohne an die Mienen eines Beamten im Vatikan zu sinnen, wenn er dies liest, ohne Kritisches gleich wieder abzuschwächen, ohne sich mit Formulierungen wie »in gewisser Hinsicht«, »eigentlich« – im Theologenjargon vielfach üblich (Angst?) – zum schlüpfrigen Aal zu machen. Wem sich eine katholische Sozialisation in die Psyche einprägte – mit ihren hellen und dunklen Seiten –, tut sich nicht leicht. Einen Versuch ist es wert.

Vieles, was dieses Buch darlegt, haben andere schon publiziert, nicht nur im Dutzend, sondern im Gros. So Leonardo

Boff, brasilianischer Befreiungstheologe, der in »Kirche: Charisma und Macht« Parallelen zwischen der totalitären UdSSR-Herrschaft und Strukturen des Vatikans aufzeigte. 1985 wurde ihm ein einjähriges Bußschweigen auferlegt. Oder Eugen Drewermann, der an der Existenz des Klerikers bedauert, dass er sein Glück einer Institution opfere, entfremdet lebe, einsam sei. In der Unmöglichkeit, dogmatische Glaubensaussagen ändern zu können, sah Drewermann ein Indiz für Zwangsneurose. Nach wie vor gilt der 1442 beschlossene Lehrsatz, außerhalb der Kirche sei kein Heil. Der gewiefte Theologe Karl Rahner ›rettete‹ dieses Dogma, indem er es so auslegte: Alle, die Glaube, Hoffnung und Liebe leben, seien in der Kirche – ob sie es wissen oder nicht. Apropos: Was würden Katholiken sagen, wenn sie »anonyme Buddhisten« seien? Oder der »engagierte Priester« Rudolf Schermann, Herausgeber der kritischen Zeitung »Kirche intern«. Im Vorwort von »Woran die Kirche krankt!« verglich er deren Lage mit einer Familie. Die Kinder, die sich eben noch bemuttern und die ›Wahrheit‹ sagen ließen, begehren auf, nachdem sie von der Aufbruchsstimmung des Zweiten Vatikanischen Konzils gekostet hatten. In einer Welt, in der die Freiheitsrechte der Aufklärung gegen den Widerstand Roms durchgesetzt wurden, wollen sie mündig werden.

Etliche dieser Autoren blieben in der Kirche, andere verließen sie. Wieder andere wurden ausgeschlossen. Kirchenkritikern wird oft nachgesagt, aus unedlen Motiven zu handeln. Drewermann habe sich zum Prototypen des Kirchenkritikers hochstilisiert, um davon zu profitieren. Buchstäblich untergriffiger argumentierte der katholische Publizist Michael Müller: »Auf jeden Fall sitzt die Wurzel der Kirchenkritik in den meisten Fällen im Unterleib.« Kirchenkritiker hätten Probleme, sich an das sechste Gebot zu halten und die katholische Sexualmoral »theoretisch« zu verstehen.

Aber: Auch wenn in den Biographien vieler Kirchenkritiker die Narben der Wunden stecken, die ihnen das kirchliche Lehramt zufügte: Die meisten engagierten sich aus Sorge für sie, fürchteten darum, dass sie zu einer fundamentalistischen Sekte zusammenschrumpft, glaubten an ihre Reformbarkeit, ganz im Sinne des geflügelten Wortes: »Ecclesia semper reformanda«: Die Kirche ist stets zu reformieren.

Warum noch einmal eine solche Schrift? Weil sich trotz des konstruktiv-kritischen Engagements so vieler Katholiken und Katholikinnen, trotz der Kirchenvolksbegehren in mehr als 30 Staaten, keine Reformen taten, im Gegenteil! Während die lateinamerikanische Befreiungstheologie weitgehend zum Verstummen gebracht wurde, während von den »Wir sind Kirche«-Organisationen behauptet wurde, »nicht auf dem Boden der katholischen Kirche« zu stehen, wurde 2007 die lateinische Messe wieder zugelassen, wie sie im 16. Jahrhundert am Konzil in Trient festgelegt wurde. Mehr Weihrauch vor den Altären, denen sich die Priester zuwenden (und nicht dem Volk), in Latein gemurmelte oder gesungene Gebete – aber keine verheirateten Männer, die »Das ist mein Leib« sagen, und schon gar keine Frauen!

Damit setzte der Papst ein untrügliches kirchenpolitisches Zeichen. Wenig überraschend, dass sich der Vatikan der »Pius-Bruderschaft« annäherte, einer sich als »katholisch« behauptenden Gruppierung, die das Zweite Vatikanische Konzil als modernistisch ablehnt. Am 21.1.2009 wurde die Exkommunikation von vier Bischöfen dieser Ultra-Konservativen aufgehoben. Einer von ihnen, Richard Williamson, leugnet den Holocaust: Die Gaskammern hätten der Desinfektion gedient. Der geistige Vater dieser reaktionären Bewegung war Erzbischof Lefebvre, der von den Menschenrechten behauptete, sie seien atheistisch und würden in die Todsünde führen. Der deutsche Distriktobere dieser Bruderschaft, Franz Schmidberger, wünscht sich einen katholischen Gottesstaat. Der Vertrieb von Präservativen wird verboten, zivile Ehescheidung ist nicht mehr möglich, das Parteiensystem wird durch »christliche Männer« abgelöst, »die sich durch sittliche Reife auszeichnen«. Hier müsste der Verfassungsschutz eingreifen. Hätten sich kirchenkritische Linke in solche Extreme verstiegen, hätte dieser längst interveniert.

Der Kirchenwinter, von dem der Theologe Karl Rahner warnte, hält an. Obschon der Kirche so viele Männer und Frauen den Rücken kehren und in Österreich mehr als eine Million Katholiken und Katholikinnen an Austritt denken, blieb die in vielem infantilisierende Mentalität bestehen. Diese begünstigt weiterhin jene Skandale (auch Missbrauch), die in den letzten Jahren so geschadet haben. Und verwehrt es vielen spirituellen Menschen – insbesondere Frauen –, ihre Talente in institutionalisierter Religion zu entfalten.

Wo viel Dunkel, auch viel Licht, auch in der Kirche, wenngleich dieses nie so schlagzeilenträchtig ist. Die Kirche war nicht nur das Blutbad, das die Kreuzritter im Jahre 1099 anrichteten, als Jerusalem gefallen war: Soldaten wateten bis zu den Knöcheln im Blut, machten sich dann aber sauber für den Gottesdienst. Sondern auch: Erste Waisenhäuser, die ausgesetzte Kinder retteten; erste Hospitäler, in denen Christen und Christinnen Kranke pflegten. Die Kirche war zum einen: Scheiterhaufen! Zum anderen war und ist sie:

Caritas, Engagement für jene, die aus Mistkübeln leben oder verzweifelt um Asyl ansuchen. Sie hat unzählige Menschen psychisch deformiert, missbraucht, vernichtet. Aber: Der von ihr verkündete Glaube hat auch Unzähligen geholfen, Schicksal zu ertragen, ins Sterben einzuwilligen, dabei von Hoffnung getragen zu sein. Unzählige motivierte sie zu heroischen Werken der Nächstenliebe, bis dahin, ganz für die sterbenden Kinder in Kalkutta zu leben (Mutter Theresa). Und gar nicht zu reden ist von den kulturellen Leistungen der Kirche: Gregorianischer Choral, Isenheimer Altar, die Kathedrale Notre Dame in Paris, die Kuppel des Petersdoms. Aber: An diesen Monumenten kleben auch Schweiß, Blut und Tränen so vieler Menschen.

Nicht nur jeder Mensch, sondern auch jede Institution hat ihre dunkle Seite: Militär, Pharmakonzerne, die Schule. Diese allgegenwärtige dunkle Seite kann vertuscht werden. Aber dies führt unweigerlich zu jenem Prozess, den Freud als »Wiederkehr des Verdrängten« beschrieb. Oder: Das Dunkle – in der Tiefenpsychologie Jungs: Der »Schatten« – wird in den Blick genommen, es wird »auseinander-gesetzt« und bestenfalls integriert und entschärft. Jede starke Institution hat die Kraft, sich solchen Prozessen, mitunter schmerzhaft, zu unterziehen, die letztlich heilend wirken, zumal dann, wenn sie mit der Bereitschaft für Veränderung einhergehen. Gemäß der tiefen Überzeugung des Autors: Auch und gerade die Kirche. Johannes XXIII., der das Zweite Vatikanische Konzil einberief, sagte über die Kirche: »Wir sind nicht hier, um ein Museum zu betreiben!«. Leonardo Boff: »Wenn wir uns nicht ändern, werden wir aussterben wie die Dinosaurier«.

Das Buch beginnt mit dem aktuellen Anlass: Hände von Priestern verletzten viele Kinderseelen, häufiger als in der Normalpopulation, wobei von Anfang an festzuhalten ist: 19 von 20 Priestern ließen sich diesbezüglich nichts zu schulden kommen. Kapitel 1 skizziert die Chronologie und das Ausmaß des Missbrauchsskandals. Die folgenden Kapitel fragen nach möglichen Ursachen. Als erstes wird der Zölibat erörtert, der sich biblisch nicht begründen lässt, jederzeit freigegeben werden könnte, aber für die Amtskirche wichtig ist wie ein Fetisch, wichtiger als die von ihm bewirkte Doppelmoral: Heimliche Geliebte, verborgene Priesterkinder (Kapitel 2). Begünstigt wurde Kindesmissbrauch durch eine Pädagogik des unbedingten Gehorsams: Kinder, im Namen des Herrn geschlagen und in ihrem Eigen-Sinn gebrochen, widersetzen sich Zudringlichkeiten kaum (Kapitel 3). Im strikten Festhalten am Zölibat manifestiert sich die problematische kirchliche Einstellung gegenüber der Sexualität, die es vielen Menschen erschwert(e), psychosexuell zu reifen, und die Diskriminierung von Frauen fördert(e), die bis heute nicht Priesterinnen werden können (Kapitel 4). Eine dunkle Seite der Kirche ist auch, dass sie vielen Gläubigen einredete, sündig und schuldig zu sein, allein schon durch ihre Existenz (Kapitel 5). »Dunkle Seite« der Kirche bezieht sich in diesem Buch weniger auf Örtlichkeiten, etwa Folterkammern, oder Ereignisse, so die Kreuzzüge oder den Genozid an den Indios in Amerika, sondern vielmehr auf die Psyche.

Die anschließenden Kapitel skizzieren die jüngere Geschichte und den aktuellen Zustand der katholischen Kirche. Zunächst einige Eckdaten: Mitglieder, Austritte,

Dienstleistungen (Kapitel 6). Sodann eines ihrer stärksten Lebenszeichen: Das Kirchenvolksbegehren. Lanciert wurde dieses 1995 aufgrund der halbherzig aufgearbeiteten Missbrauchsvorwürfe an Kardinal Groër. Von den Reformvorschlägen, die für eine überwältigende Mehrheit der Katholiken plausibel sind, wurde bisher kein einziger umgesetzt (Kapitel 7). Wie wird es mit der Kirche weitergehen? Wird sie zusammenschrumpfen auf »heilige Reste« inmitten eines säkularen Gesamtraumes, die sich um Papstporträts und Marienfiguren scharen? Mögliche Szenarien skizziert Kapitel 8. Der Autor ist überzeugt: Die Kirche wird als prägende Kraft der Gesellschaft bestehen bleiben, wenn es ihr gelingt, Reformen zu setzen, Reifungsprozesse zuzulassen und katholisch im ursprünglichen Sinne zu sein, umfassend und zugleich vielgestaltig: Rosenkranz neben der Lila-Stola von Priesterinnen.

Das Buch erhebt nicht den Anspruch auf Vollständigkeit. Geschichtliche Rückblicke werden insoweit vorgenommen, als sie zum Verständnis der Gegenwart beitragen. Oder aufzeigen, dass die von der Kirche noch und noch behauptete Kontinuität in ihrer Lehre und Praxis nicht immer und in allem bestand. Eingestehen, dass vieles anders war, erleichtert den Freiraum für: Es kann vieles anders werden. In die Darstellungen fließen auch Erzählungen ein, teils autobiographische Erinnerungen, teils Berichte von Menschen, lebenden oder verstorbenen. Nicht nur, um den Text aufzulockern, sondern weil Religiosität stets persönliches Erleben ist und weil in diesem Buch primär gefragt wird, wie sich kirchliche Doktrinen auf Menschen auswirk(t)en.

Die einzelnen Kapitel können auch für sich separat gelesen werden.

Erstes Kapitel
Das dunkelste Kapitel:
Sexueller Kindsmissbrauch in der Kirche

Um Weihnachten 1474 suchte in Basel der junge Chorschüler Johannes Müller eine Bleibe. Ein Kaplan des Münsters, Johannes Stocker, bot ihm an, er könne bei ihm wohnen, und wies ihm eine Schlafkammer zu, was er dankbar annahm. Nach vierzehn Tagen bat ihn der Priester, zu sich ins Schlafzimmer zu kommen. Dort überwältigte er den Jugendlichen und verging sich so brutal an ihm, dass er noch nach Tagen über Schmerzen und Blutungen klagte. Vom Missbrauchsopfer zur Rede gestellt, es sei strafbar, was er an ihm getan habe, erwiderte dieser: »Wenn alle, die solches tun, verbrannt würden, blieben nicht fünfzig Männer in Basel.«

Diesen mehr als ein halbes Jahrtausend zurückliegenden Fall von sexuellem Missbrauch durch einen Kleriker schildert der Historiker Bernd-Ulrich Hergemöller in seinem Buch »Chorknaben und Bäckerknechte: Homosexuelle Kleriker im mittelalterlichen Basel«. Der Fall liest sich ausgesprochen aktuell. Der Chorknabe, der dem Kaplan regelmäßig zu Diensten sein musste, brauchte lange, bis er sich der Hausmagd anvertrauen konnte. Diese riet ihm, sich an Stockers Vorgesetzten zu wenden, Domherrn Hans Büchsenmeister, der seinerseits den Rat erteilte, Stockers Haus sogleich zu verlassen. Davon erfuhr der bischöfliche Richter Dr. Georius Bernolt, der die Aussage des Knaben protokollieren ließ und veranlasste, dass der Kaplan vor die Bistumsleitung zitiert wurde. Dort bestritt er nicht, den Knaben mehrfach »florenzt« zu haben, wofür er sich nicht schuldig fühlte, weil dieser mit allem einverstanden gewesen sei. Daraufhin wurde der sündige Kaplan ins Verlies gesteckt und dazu verurteilt, seinen Ämtern zu entsagen und sich an einen Ort außerhalb von Alemannien zu begeben.

Hergemöller schildert einen ähnlichen Fall, der sich in Basel schon um 1416 zugetragen hatte. Heinrich von Rheinfelden, ein Dominikaner, verging sich mehrfach an einem jungen Heini und an anderen Jünglingen, indem er sie über Jahre hinweg unsittlich berührte und zu sexuellen Handlungen nötigte. Die geistlichen Würdenträger des Klosters unternahmen nichts, um dem Treiben des Mönchs Einhalt zu gebieten, sondern übten auf die Missbrauchten Druck aus, um sie am Aussagen zu hindern. Davon erfuhren die Basler Zünfte, worauf der Stadtrat das ihm rechtlich Mögliche tat: Er verhörte die Bediensteten, die als Laien im Kloster tätig waren. Die Mönche hingegen, weil sie dem Kirchenrecht unterstanden, konnte er nicht belangen. Sie blieben weiterhin in Amt und Würden.

Wenig erbauliche Geschichten, die sich vor mehr als fünf Jahrhunderten zutrugen, und doch so aktuell, als wären sie jüngst geschehen! Warum sich mit ihnen befassen? Hergemöller zufolge zum einen, um den Opfern eine Stimme zu verleihen. Zum anderen, weil sie chronische Dilemmas der Kirche verdeutlichen, speziell jenes, das sich daraus ergeben hat, dass »die Sexualenthaltung zur Standespflicht ihrer geweihten Diener erhoben« wurde. Ebenfalls eine lange Tradition: Verheimlichen, bei den 2010 zu Tage getretenen Missbräuchen in der Kirche sogar unter päpstliche Geheimhaltung (s. u.). Hergemöller spricht von der »offenbar nicht auszurottenden Gewohnheit, skandalisierendes Fehlverhalten so lange zu ›übersehen‹ und zu vertuschen, bis es sich angesichts einer aufmerksamen Öffentlichkeit nicht mehr verheimlichen lässt«. Angesichts der faktischen Kirchenstrukturen und der Zölibatsverpflichtung hielt Hergemöller im Jahre 2004 »keine prophetische Gabe« für erforderlich, »um vorauszusagen, dass sich an letzterem (Missbrauch von Kindern/Jugendlichen, speziell Buben) auch in Zukunft nichts ändern wird« – die Ereignisse im Winter 2009/2010 gaben ihm recht.

Missbrauch: In der Kirche besonders gravierend, immer wieder begangen

Sexuellen Missbrauch von Kindern gab und gibt es zu allen Zeiten und in allen Kulturen. »Warum« – fragte der Salzburger Weihbischof Andreas Laun in seinem Kommentar »Was wir brauchen, ist nicht weniger katholische Moral, sondern mehr« (Februar 2010) – »sind nur die katholischen Täter interessant?« Zutreffend ist dies nicht.

Die deutschen Medien berichteten ausführlich, wie vertraut Schüler in der weltbekannten Odenwaldschule, von 1972 bis 1986 von Gerold Becker geleitet, am Morgen unter der Bettdecke geweckt wurden. Dies entging auch dem erzkatholischen »Kath.net« nicht: »In der linken und antikirchlichen UNESCO-Modellschule Odenwald gab es Vergewaltigungen.« Die Presse schonte den bekannten Pädagogen Becker ebenso wenig wie das Denkmal der deutschen Pädagogik: Hartmut von Hentig, der in der Süddeutschen Zeitung vom 12. 3. 2010 Opfer zu Tätern stempelte: »Wenn überhaupt, könnte allenfalls mal ein Schüler seinen Lehrer Becker irgendwie verführt haben.«

Gleichwohl: Wenn Amtsträgern der Kirche Kindsmissbrauch vorgeworfen wird, wiegt dies noch schwerer als im Falle von Ärzten, Erziehern und der häufigsten Tätergruppe: Stiefväter und Väter. Aus zwei Gründen: Gerade die Kirche trug maßgeblich dazu bei, dass Kindsmissbrauch als etwas vom Schändlichsten verurteilt wird. Sexuelle Übergriffe auf Wehrlose werden zu Recht als umso schwerwiegender empfunden, je reiner der moralische Selbstanspruch einer Institution ist. Immerhin werden Priester gemäß Lehre der Kirche von Gott selber berufen, in der Weihe wird ihnen ein unauslöschliches Siegel eingeprägt. Die dafür vorgeschriebene Lebensform des Zölibates sei – so Johannes Paul II. – die »Frucht … einer besonderen Gnade, die von Gott gegeben ist«[3]. Umso schlimmer, wenn sich dies auf Kinder alles andere als gnädig auswirkt!

Dem Christentum verdanken wir eine hohe Wertschätzung des Kindes. Jesus würdigte es als »Vorbild«: »Wenn ihr nicht werdet wie die Kinder …«[4]. In der Geschichte der Kirche, der katholischen stärker als der evangelischen, führte dies dazu, Erwachsene zu infantilisieren, um sie leichter zu lenken. Aber auch dazu, die Aussetzung Neugeborener, weil ihre Körper schwächlich schienen, ebenso zu ächten wie sexuelle Übergriffe auf sie. Wer Kindern Leid antue, »für den wäre es gut, wenn ihm ein Mühlstein um den Hals gehängt und er in der Tiefe des Meeres versenkt würde«[5]. Verworfen wurde von der jungen Kirche nachdrücklich die griechische Knabenliebe.

Auch wenn schon in den ersten Jahrhunderten geächtet: Immer wieder kam es vor, dass in der Kirche an Kindern mehr als nur ein Schenkelakt vollzogen wurde. Im (Früh-) Mittelalter war es vielfach üblich, den Klöstern sehr junge Kinder anzuvertrauen, die »Oblaten«. Erst 1563 beschloss

das Konzil von Trient, das Mindestalter für den Kloster-
eintritt auf sechzehn Jahre festzulegen. Wenn die Sittenge-
mälde über das mittelalterliche Leben hinter Klostermauern
auch nur zu einem Bruchteil stimmen, ist nicht anzunehmen, dass die Mönche alles daran setzten, die Unschuld von
Jungen zu bewahren. Durch Päderastie wurden ganze Kir-
chengemeinschaften zerstört. Um das Jahr 1000 herum war
sie »in Klöstern so im Schwange, dass sich die Mönche ihr
Unmenschenrecht gar nicht mehr wollten nehmen lassen.«

Kindsmissbrauch: weltweit – verschwiegen

In meiner Kindheit war Missbrauch durch Kleriker kein
Thema und ohnehin unvorstellbar, angesichts der sparsa-
men und späten Aufklärung erst recht. Die Priester, für die
wir ministrierten, waren unfehlbar, geradezu heilig – dass
sie auch aufs Klo mussten, irgendwie peinlich. Die meisten
Minderjährigen, die als Ministranten oder in katholischen
Internaten missbraucht wurden, sahen zu ihren Peinigern
wie zu sakrosankten Wesen auf. Nur einmal geschah es, dass
diese dunkle Seite kurz angesprochen wurde: Als eine ältere
Bekannte zu Besuch war und das Gespräch darauf kam, ich
könnte in ein Klosterinternat eintreten. Die Besucherin riet
entschieden ab: Einer ihrer Söhne sei dort wegen der Patres
ein anderer geworden.

Erst in den Achtziger Jahren begann die Mauer des
Schweigens, die so viel sexuellen Kindesmissbrauch hinter
katholischen Mauern verbarg, zu bröckeln. Der erste öf-
fentlichkeitswirksame Fall trug sich 1983 in den USA zu. Im
Bistum Lafayette, Louisiana, wurde Bischof Gerhard Frey
angeklagt, er habe nicht angemessen reagiert, nachdem

gegen einen Priester Vorwürfe erhoben wurden. Gegen die Zahlung von zehn Millionen Dollar wurden die Klagen eingestellt. Kurze Zeit später warnten in einem am 9.6.1985 fertig gestellten Gutachten der Priester Ray Mouton und der Kirchenrechtler Thomas Doyle die Bischofskonferenz ausdrücklich vor verheerenden Folgen, die sich für die Kirche wegen Missbrauch ergeben könnten. Das Dokument war »prophetisch«. Die Autoren stellten die Möglichkeit in den Raum, dass auf die Kirche Klagen in Milliardenhöhe zukommen und Fernsehsender wie CNN erpicht seien, darüber zu berichten. Auch warnten sie vor der bloßen Versetzung pädophiler Priester, weil die Rückfallsquote hoch sei. Die Bischöfe setzten keine Schritte. Vielmehr wurde Doyle 1986 von der päpstlichen Nuntiatur abberufen und verlor seine Lehrbefugnis.

In der Folge überschlugen sich die Ereignisse. 1988 gründeten Opfer die erste Selbsthilfeorganisation: »Survivors Network of those abused by priests«. Massiv traf es das Erzbistum Boston, dessen Bischof Francis Law 2002 zurücktreten musste, nachdem er die Namen von 90 Priestern preisgegeben hatte, die des Kindsmissbrauchs beschuldigt worden waren. Schwerwiegender war, dass er einen Priester mehrfach versetzte, der sich an mehr als hundert Kindern verging. Am 15.11.2005 präsentierte die Kriminologin Karen Terry ihre Datenanalyse zu sexuellem Missbrauch in der Kirche: Zwischen 1950 und 2002 nicht weniger als 4392 Beschuldigte und 10 667 Opfer – ein »weit verbreitetes Problem«. In den Diözesen wurden gegen drei bis sechs Prozent der Priester Anschuldigungen erhoben. Um 2004 meldeten etliche Diözesen, weil sie die Schadensersatzforderungen nicht mehr begleichen konnten, Insolvenz an: San Diego in Kalifornien, Davenport in Iowa, Spokane in Washington.

Aufsehen erregte 1993 das Buch »A Gospel of Shame« der Journalisten Elinor Burkett und Frank Bruni, das 1995 in Deutsch erschien: »Das Buch der Schande«. Aufgrund gründlicher Recherchen werden Missbrauchsvorkommnisse geschildert und wird versucht, entwicklungspsychologisch zu verstehen, wie es dazu kommen konnte. Entgegen dem in der pamphletischen Kirchenkritik oft gezeichneten Bild der sadistischen Kinderschänder, die bei ihren Opfern rektale Blutungen hinterlassen, sind solche Fälle selten. Auch die klinischen Studien von Richard Sipe eruierten nur wenige Fälle von Sadismus. So einen Priester, der mit jungen Männern rituelle Sexualspiele mit Peitschen durchführte, »die schreckliche Nachahmungen der Schmerzen eingeschlossen, die Christus und anderen Heiligen zugefügt wurden«.

Gemäß der Amerikanischen Psychiatervereinigung gelingt es Pädophilen vielfach, »auf die Bedürfnisse des Kindes einzugehen, um dadurch dessen Zuneigung und Loyalität zu gewinnen«. So war es bei Vater Martin (Name geändert), der in einer mittelständischen, frommen Familie aufwuchs, in der Sex verschwiegen wurde, auch während seiner Ausbildung und im Priesterseminar. Als Priester hatte er, der Erwachsenen gegenüber, speziell Frauen schüchtern blieb, in einem Kinderhort zu tun. Die Jungen und Mädchen pflegten auf seinen Schoß zu klettern. Auch ein Achtjähriger, den er sehr mochte. Eines Tages griff er nach dessen Hand und legte sie auf seinen Penis: »Irgendwie waren diese Berührungen für ihn zärtlicher und nicht sexueller Natur.« In seinem allzumenschlichen Bedürfnis nach Zärtlichkeit »dachte er gar nicht darüber nach, dass das, was er tat, falsch sein sollte.« In der Folge steigerten sich die Bedürfnisse. Er befummelte ältere Buben, dabei gleichsam von einem

»fremden Mann« getrieben, bis es zu oralem und analem Sex und dazu kam, dass ein Jugendlicher ihn beim kirchlichen Vorgesetzten anzeigte.

Nach den USA gerieten weitere Länder in unrühmliche Schlagzeilen. Zunächst Kanada, wo bis in die 60er Jahre die Kinder der Inuit (Eskimos) und Indianer in christliche Staatsinternate gezwungen wurden. Dort wurden sie nicht nur sehr schlecht gehalten (es gab katholische Internate mit Sterblichkeitsraten über 50 %), sondern auch Opfer von medizinischen Experimenten und sexuellen Übergriffen, von der Ausmerzung ihrer Kultur und Sprache sowie der kirchlichen Indoktrination ganz zu schweigen. Letztere wirkte, verwahren sich doch etliche Überlebende dieser Internate gegen Kritik: »Aufbegehren gegen Rom ist Sünde«. 2008 entschuldigte sich der kanadische Ministerpräsident Harper bei den Eingeborenen. Auf ein entsprechendes offizielles Wort aus dem Vatikan wird bis heute gewartet.

Sodann war es ein katholisches Erzland, in dem Dunkles zu Tage trat: Irland, von wo um das Jahr 600 herum Mönche wie Kolumban zur Missionierung Mitteleuropas aufbrachen. Ein Auslöser war der BBC-Dokumentarfilm »Suing the Pope«. Er dokumentiert das Treiben von Frater Fortune, nachdem dieser als frisch ordinierter Priester in die Grafschaft County Wexford kam. Sein erstes Opfer, Colm O'Gorman, 1966 geboren, erzählte erschütternd, wie er als 14-Jähriger das erste Mal vergewaltigt wurde. Es sei vorgekommen, dass Fortune in seiner Soutane vor seiner Mutter den guten Priester mimte und ihn fünf Minuten später im Auto nötigte, ihn oral zu befriedigen, um wiederum Minuten später als Seelsorger in ein anderes Haus einzutreten. Die Gemeinde, die um die Übergriffe wusste, wandte sich an zwei Bischöfe und an den Päpstlichen Nuntius – nichts! Erst nachdem Colm O'Gorman, inzwischen erwachsen und am Beginn einer politischen Karriere, seine Erlebnisse der Polizei berichtete, nahm diese den Priester fest, der der mehrfachen Vergewaltigung von 29 Jungen angeklagt wurde und sich während des Prozesses im März 1999 das Leben nahm. Weit mehr Missbrauchsfälle als in den Pfarreien ereigneten sich in den »Industrial Schools«, kirchlich geführten Kinderheimen, sowie den Magdalen Asylums, Besserungsanstalten für gefallene Mädchen – benannt nach der Sünderin Maria Magdalena –, wo diese vor allem in Waschküchen beschäftigt wurden. Erst im Jahre 2000 setzte die Regierung eine Kommission ein, die mehr als 2000 der 35 000 Kinder befragte, die in diese von der katholischen Kirche geführten, vom Staat bezahlten Kinderheime gesteckt wurden, oft weil sie unehelich waren, einen kleinen Diebstahl begangen oder die Schule geschwänzt hatten. Die katholischen Heime wurden vom Staat nach der Anzahl der Insassen finanziert. Die Stellung der Kirche war so mächtig, dass sich die Eltern einer Einweisung nicht zu widersetzen wagten. Der Ryan-Bericht, im Mai 2009 präsentiert und 2600 Seiten stark, erschütterte die Nation. Vergewaltigungen von Jungen durch Ordensbrüder, oft gleichzeitig durch mehrere, waren üblich. Ebenfalls massivste Körperstrafen, bezüglich derer darauf verwiesen werden könnte, früher sei der Erziehungsstil autokratischer gewesen. Aber ehemalige Insassen schilderten massivste sadistische Übergriffe (unvorhersehbare Schläge) – Indizien dafür, dass sich nicht-integrierte Sexualität, zu existenzieller Frustration führend, in Gewalt entladen kann. Eine Inspektion durch den Staat gab es nicht – zu mächtig und vertrauenswürdig *war* die Kirche.

Im November 2009 erschütterte ein weiterer Bericht die Insel. Die Richterin Yvonne Murphy präsentierte auf

700 Seiten die Missbrauchsvorwürfe von 320 Kindern gegen 46 Priester der Erzdiözese Dublin. Sexuelle Übergriffe wurden, bis ins Jahr 2004, systematisch vertuscht, Priester, die solche begangen hatten, versetzt. Auch die Polizei deckte die Täter, indem sie, bis 1995, Anzeigen nicht konsequent verfolgte. Die irische Regierung entschuldigte sich umgehend »für das Versagen staatlicher Stellen, Kinder in der Obhut der Kirche zu schützen«. Unter massivem öffentlichem Druck reichte Bischof Donald Murray den Rücktritt ein, der am 14. 12. 2009 vom Papst angenommen wurde, drei Monate bevor er »mit großer Sorge« den Hirtenbrief an die irischen Katholiken schrieb.

USA, Irland, Österreich, Belgien, die Philippinen, Neuseeland, Südafrika, Mexiko, und hier in Lateinamerika ein besonders brisanter Fall. 1941 gründete der Seminarist Marcial Maciel die katholische Kongregation »Legionäre Christi«, die auf sechs spirituellen Pfeilern ruht, u. a.: Christozentrische Spiritualität, kindliche Liebe zu Maria, Treue zum Papst. Mittlerweile ansässig auf allen Kontinenten, wurde der Orden erschüttert, als aufkam, dass der Gründer, der im Jahre 2008 verstarb, mehrfach Seminaristen sexuell missbraucht hatte. Maciel, der öffentlich für den Zölibat eintrat, hatte Kinder in Mexiko, Spanien und der Schweiz, die ihn des sexuellen Missbrauchs bezichtigten – womit auch er in einer langen Tradition zölibatärer Doppelbödigkeit steht. Der Orden, vor allem in Bildung und Pressewesen engagiert, im Vatikan ein beachtlicher Machtfaktor, bedauerte das Verhalten des Gründers offiziell – allerdings waren die Übergriffe auf junge Männer seit Jahren bekannt gewesen.

In Österreich war es die Affäre Groër, die die Kirche erschütterte und weitere Übergriffe auf Jungen zu Tage brachte. Im April 2010 berichtete »Kirche in« einen besonders argen Fall. Ein Zehnjähriger, nachdem er im Juni 1993 aus einer renommierten katholischen Ordensschule nach Hause geholt worden war, wollte sich mit den Herztabletten seines Großvaters das Leben nehmen. In der Folge stellten die Mutter und der beigezogene Arzt Analeinrisse fest, zugefügt von einem Ordensbruder in Anwesenheit mehrerer anderer. Zehn Monate dauerte das Martyrium: »Ich hasse alle diese schwarzen Schweine … Ich habe oft gewünscht, die sind tot. Auch ich möchte oft tot sein.« Die Eltern wenden sich an Schuldirektion und Ordensleitung, die aber wenig Interesse zeigen, den Fall aufzuklären. Auch die in der Folge hinzugezogene Justiz, die nicht nur in der österreichischen Geschichte kirchliche Würdenträger behutsamer anfasste als Romas und Sintis, lässt sich Zeit. Erst 1995 reagiert eine Untersuchungsrichterin auf die Privatklage der Eltern und veranlasst eine Tatortfeststellung, die negativ ausfällt, weil die Räumlichkeiten zwischenzeitlich umgebaut wurden. Schließlich kommt es zur Gegenüberstellung. Der Schüler erkennt den Täter sogleich und bricht im Verhör – über alle Details – weinend zusammen. Das Geld der Eltern wird knapp, sie schaffen es nicht, rechtzeitig die Klage einzubringen, das Verfahren wird 1996 eingestellt.

Zehn Jahre später kämpft die Mutter des Missbrauchten weiter, der aufgrund der schweren Analverletzungen seit seinem 24. Lebensjahr eine Pension bezieht, und erwirkte eine Verfahrensbeihilfe. Viele andere Opfer haben sich bei ihr gemeldet, die nur eines will: Gerechtigkeit. Die österreichische Missbrauchskommission, im Frühjahr 2010 unter Waltraud Klasnik eingerichtet, hat in dieser Causa Anzeige bei der Staatsanwaltschaft erstattet.

In der Bundesrepublik war es der Brief von Klaus Mertes, Rektor am Canisius-Kolleg in Berlin, der im Februar 2010 die Lawine auslöste. Er anerbot den Absolventen, Missbrauch, der »tiefe Wunden« hinterlasse, an die Rechtsanwältin Ursula Raue zu melden. Dies taten mindestens 61 Ehemalige. Nach der Durchsicht der Ordensakten zeigte sich Frau Raue erstaunt darüber, dass in diesen zwar »Fürsorge für Mitbrüder« erkennbar werde, aber »keine Befassung mit der Seelenlage der anvertrauten Kinder und Jugendlichen«. In der Folge wurden auch Fälle im Kollegium St. Blasien im Schwarzwald sowie im Aloisiuskolleg in Bonn bekannt, sodann in Heimen der Salesianer in Augsburg und Berlin – umso schwerwiegender, als Giovanni Bosco, ein begnadeter Pädagoge, seinen Mitarbeitern einschärfte, jungen Menschen niemals zu nahe zu treten. Während viele angezeigte Fälle verjährt waren, wurden im Februar 2010 in der Benediktinerabtei Ettal in Oberbayern Vorwürfe laut, die noch unter Meldepflicht standen. Vier Priester hatten bis 2005 zwanzig Schüler missbraucht und harte Prügelstrafen vollstreckt, mit langen Haselnussgerten. Wenige Tage später traten Abt und Schulleiter zurück, obschon ihnen attestiert wurde, in den Neunziger Jahren das pädagogische Klima erheblich verbessert zu haben.

Die Liste ließe sich beliebig verlängern und über alle deutschen Bistümer ausdehnen, auch in die Schweiz, wo die Bischofskonferenz bereits 2002 ein Gremium »Sexuelle Übergriffe in der Pastoral« eingerichtet hatte. Im Februar 2010 wurden 60 Verdachtsfälle publik. Darauf entbrannte eine Diskussion, ob ein Zentralregister für fehlbare Priester erstellt werden solle, wie es von der Eidgenössischen Erziehungsdirektorenkonferenz für Lehrer, die wegen Pädophilie verurteilt wurden, eingerichtet ist. Hochrangige Politiker der CVP (Christliche Volkspartei) sprachen sich dafür aus, ebenso der Abt des Klosters Einsiedeln, Martin Werlen, der es für problematisch hält, wenn kirchliche Missbrauchs-opfer ersucht werden, sich an kirchliche Ombudsstellen zu wenden.

Warum plötzlich dieses massenmediale Interesse daran, was sich hinter kirchlichen Mauern zuträgt? Aus dem konservativen Lager wurde verlautbart, die Journalisten trügen Mitschuld. In einer Predigt schilderte der Regensburger Bischof Ludwig Müller im März 2010 zunächst, wie Regensburger Frauen 1941 gegen die »christentumsfeindliche, menschenfeindliche Ideologie« der Nationalsozialisten protestierten und fügte an, es gäbe »wieder eine Kampagne gegen die Kirche«. Schon am 3.3.2010 hatte der streitbare Bischof die Berichterstattung über Missbrauch in Beziehung zu Goebbels gerückt. Auch in erzkatholischen Chatrooms werden Journalisten attackiert. »Haben die Journalisten mindestens ein schlechtes Gewissen?« Wahrscheinlicher als eine massenmediale Kampagne, lanciert von Altliberalen, Kirchenfeinden, Freimaurern, ist, dass die Presseberichte Opfer ermutigten, ihre Geschichte zu erzählen, nachdem sie diese jahrelang verschwiegen hatten. Vor diesem Schritt fürchteten sich viele.

Norbert Denef, um 1960 mehrfach von einem Priester missbraucht, indem dieser das Glied des Zehnjährigen in den Mund nahm, empfand tiefe Schuldgefühle, als er sich durchzuringen begann, an die Öffentlichkeit zu treten: »Wie ein Selbstmordattentäter«. Auslösend war ein Antwortschreiben von Johannes Paul II., dem er zuvor in einem Brief alles geklagt hatte. Der Papst versicherte, er werde für ihn beten, damit er vergeben könne. Als Denef seinen Missbrauch, für den er sich mitschuldig fühlte, aufdeckte, wurde er in seiner Gemeinde angefeindet. »Der Papst redete mir weitere Schuldgefühle ein. Das zieht bei Katholiken ja normalerweise immer. Hätte es auch bei mir bis zum Schluss perfekt funktioniert, würden wir heute nicht mehr reden. Dann hätte ich mich umgebracht.«

Missbrauch: »Verrat am Weihesakrament« – Reaktionen der Kirche

Eine der ersten Stellungnahmen des Kirchenoberhauptes erfolgte in seiner Predigt vom Gründonnerstag 2002, an dem der Einsetzung der Eucharistie gedacht wird: Herz des kirchlichen Lebens.

»In dieser Zeit erschüttern uns als Priester zutiefst die Sünden einiger unserer Mitbrüder, welche die Gnade des Weihesakramentes verraten haben, indem sie den schlimmsten Ausformungen des *mysterium iniquitatis* in der Welt nachgegeben haben. Auf diese Weise entstehen schwerwiegende Skandale, die zur Folge haben, dass ein dunkler Schatten des Verdachts auf alle anderen verdienstvollen Priester fällt, die ihren Dienst ehrlich, konsequent und bisweilen mit heroischer Liebe ausüben. Während die Kirche den Opfern ihre Fürsorge zum Ausdruck bringt und ihre Kraft aufbietet, gemäß der Wahrheit und der Gerechtigkeit auf jede schmerzliche Situation zu reagieren, sind wir alle – im Bewusstsein der menschlichen Schwachheit, aber im Vertrauen auf die heilende Kraft der göttlichen Gnade – dazu aufgerufen, das *mysterium Crucis* mit Liebe anzunehmen und uns beim Streben nach Heiligkeit mehr anzustrengen. Wir müssen beten, dass Gott in seiner Vorsehung einen großmütigen Aufbruch in den Herzen zugunsten des

Ideals der Ganzhingabe an Christus erwecke, welche die Grundlage für den priesterlichen Dienst bildet.«

Dieser Text wurde umfangreicher zitiert, weil er charakteristisch dafür ist, wie die Kirchensprache mit eklatantem Unrecht aus eigenen Reihen umzugehen pflegt(e) und in welche Deutungszusammenhänge dieses gestellt wird. »Verraten« haben die »Mitbrüder« mit ihren »Sünden« »die Gnade des Priesteramtes«. Nicht aber Menschen im Kindes- und Jugendalter, nicht ihre oft schwärmerische Bewunderung, die sie den ›Gottesmännern‹ entgegenbrachten, nicht ihr Vertrauen und das ihrer Eltern. Die Vergehen werden als die »schlimmsten Ausformungen des mysterium iniquitatis« charakterisiert (Geheimnis des Unrechts). Gewiss wäre es wenig schicklich, konkret zu schildern, was den Opfern angetan wurde. Aber warum nicht zumindest der Hinweis, dass ihnen Qualen zugefügt wurden, physisch und psychisch. Beteuert wird »Fürsorge den Opfern« gegenüber sowie »Wahrhaftigkeit« – während kurz zuvor ein Apostolisches Schreiben erlassen wurde, in dem für solche »schwerwiegende Vergehen« die päpstliche Geheimhaltungspflicht, wie 1962 angeordnet, bekräftigt wird (s. u.). Sodann werden, vor der Passion naheliegend, die Gläubigen aufgerufen, das Geheimnis des Kreuzes anzunehmen: traditionell katholisch, es zu tragen – auch wenn andere (Priester) es auferlegten. Gegen Ende wieder das »Ideal der Ganzhingabe an Christus« als »Grundlage für den priesterlichen Dienst«. Was wohl Missbrauchsopfer mit dieser »Ganzhingabe« assoziieren?

Bezeichnend sind Formulierungen in einem Brief des früheren Kardinals und jetzigen Papstes, den er am 18. 5. 2001 »über die der Glaubenskongregation vorbehalten schwe-

ren Straftaten« an alle Bischöfe richtete. Er bezog sich auf
das apostolische Schreiben von Johannes Paul II. über die
Heiligkeit der Sakramente (30.4.2001). Ratzinger konkreti-
sierte, welche Straftaten der höchsten kirchlichen Behörde
zu melden sind und päpstlicher Geheimhaltung unterste-
hen. Zum einen Straftaten gegen die Heiligkeit der Eucharistie, sodann »Straftaten gegen die Heiligkeit des Bußsak-
ramentes«, Übergriffe im Beichtstuhl und Verletzung des
Beichtgeheimnisses, und schließlich »gegen die Sittlichkeit:
Die von einem Kleriker begangene Straftat gegen das sechste
Gebot des Dekalogs mit einem noch nicht 18jährigen minderjährigen Menschen«. Von Empathie mit den Opfern ist
nichts zu spüren, was in einem juristischen Text angehen
mag. Aber der selbsternannte Anspruch des Kirchenrechts
– im Heil der Seelen oberstes Gesetz zu sehen[6] – wird ad
absurdum geführt. Das Delikt – Kindsmissbrauch – rich-
tet sich *gegen ein Gebot*, und *nicht* gegen einen Menschen!
Die Straftat wird nicht *an* einem Minderjährigen begangen,
sondern *mit* ihm – menschenverachtende Sprache!

Dies kann die Unterstellung erleichtern, diese Minderjährigen seien, weil wie alle in der Erbsünde, gar nicht so abgeneigt gewesen. Eines der ersten kirchlichen Missbrauchsopfer,
dem in Belgien im Herbst 2005 Schmerzensgeld zugesprochen wurde, war Eva Dubuission. Sie wurde 1950, 14 Jahre alt,
von einem Genter Priester und drei Männern vergewaltigt
und hernach in eine von Nonnen geführte Besserungsanstalt
gesteckt (die Vergewaltiger kamen nach sechs Wochen Un-
tersuchungshaft frei). In den Prozessunterlagen, in die sie
sich, nach vielen Jahrzehnten, Einsichtnahme erkämpfte, las
sie, sie habe die Männer zum Missbrauch angestiftet.

Bezeichnend ist auch die Formulierung »Straftat gegen
das sechste Gebot«, das sich biblisch ohnehin nur auf den

Ehebruch bezieht und bei Ehelosen gar nicht in Anschlag gebracht werden kann. Aber auch die Bibel lässt sich auslegen, wie man's braucht! Was konkret abläuft – Zungenküsse mit so viel Jüngeren, Fummeleien, Einseifen der Geschlechtsorgane, bis hin zu Analrissen – wird mit dieser Formulierung verbrämt. Erst recht die Folgen: Körperliche Schmerzen, Scham, Selbstvorwürfe, für viele Jahrzehnte gestörte Sexualität, bis hin zu Suiziden. Verständlich, dass auch Hassgefühle aufkeimen. 1986 verübte ein Absolvent des Canisius-Kolleg auf seinen ehemaligen Religionslehrer, der ihn missbrauchte und jahrelang Leiter der außerschulischen Jugendarbeit »Gemeinschaft christlichen Lebens« war, eine Messerattacke, und warf sich hernach vor einen Zug.

Im Herbst 2002 befasste sich die Deutsche Bischofskonferenz mit den zunehmend offenkundigeren Missbrauchsfällen und erließ Richtlinien. In jeder Diözese sei ein entsprechender Ansprechpartner zu benennen, jede Verdachtsäußerung umgehend zu prüfen, bei Erhärtung des Verdachts eine kirchenrechtliche Voruntersuchung einzuleiten und der Heilige Stuhl zu informieren. In erwiesenen Fällen sei dem Verdächtigen zur Selbstanzeige zu raten, gegebenenfalls das Gespräch mit der Staatsanwaltschaft zu suchen. Überführte Täter werden zu einer Therapie verpflichtet. Sobald sie ihre Strafe abgebüßt haben, werden ihnen keine Tätigkeiten mehr übertragen, bei denen Kinder oder Jugendliche in Griffweite sind. Auch sei die Öffentlichkeit angemessen zu informieren und Opfern und Angehörigen »menschliche, therapeutische und pastorale Hilfe« anzubieten.

An diesen Richtlinien wurde kritisiert, dass die diözesane Vertrauensperson nicht zur Anzeige bei der Staatsanwaltschaft *verpflichtet* wurde. Üblicherweise ist es ohnehin diese, die zu prüfen hat, ob Vorwürfe zutreffen oder nicht: Die Kirche, ein Staat im Rechtstaat?! Und wie ist zu gewährleisten, dass bei neuerlicher Tätigkeit Täter nicht an Opfer herankommen?

Ein Missbrauchsfall, der 2007 Schlagzeilen machte, hätte sich vermeiden lassen, wäre ein pädophiler Priester nicht mehr mit Ministranten zusammen gekommen. In Riekofen bei Regensburg wurde offenkundig, dass ein 39-jähriger Pfarrer Ministranten aus einem Aufklärungsbuch vorlas und sie an den Genitalien berührte. In der Folge stellte sich heraus, dass gegen ihn wegen dem gleichen Delikt, in Viechtach im Bayerischen Wald als Kaplan ausgeübt, im Jahre 2000 ein Verfahren eingeleitet worden war. Es endete mit einer einjährigen Freiheitsstrafe auf Bewährung, für Johannes Heibel von der Initiative gegen Gewalt und sexuellen Missbrauch an Kindern eine milde Strafe, die bei einem Arbeiter harscher ausgefallen wäre: »Die Macht der Kirche in Bezug auf unser Rechtssystem ist nicht von der Hand zu weisen.« Der Kaplan unterzog sich einer Therapie, ein Gutachten bescheinigte ihm, geheilt zu sein. Bischof Müller anvertraute ihm eine Pfarrei und Ministranten. Der Riekofener Bürgermeister war empört: Die Kirchenleitung hätte über die Vergangenheit des Priesters aufklären müssen. Allerdings: Nicht das einzige Mal, dass nicht nur vertuscht, sondern auch die Bestimmung nicht eingehalten wurde, pädophile Priester von Kindern fernzuhalten.

Der Druck auf den Vatikan stieg. Der amerikanische Jurist Jeff Anderson, Anwalt von Missbrauchsopfern, trat mit der Option an die Presse, den Papst vor Gericht zu bringen. Anlass: Der Priester Lawrence Murphy hatte schon in den Siebziger Jahren taubstumme Schulkinder missbraucht, war 1974 versetzt worden und setzte sein Treiben fort. 1996 wandte sich der Erzbischof von Milwaukee, Rembert Weakland, in dieser Causa an die Glaubenskongregation, worauf diese anordnete, es sei Stillschweigen zu bewahren und über Murphy ein geheimes kanonistisches Verfahren abzuhalten. Es wurde abgesagt, nachdem der Beschuldigte an Ratzinger geschrieben hatte, er sei krank und habe alles gebeichtet.

Der Papst begann dies aufgrund des massenmedialen Drucks nicht mehr so nachsichtig zu beurteilen. In seiner Ansprache vom 18. 7. 2008 in Australien forderte er vor 3400 Priestern und Bischöfen, alle Kirchenangehörige, die dieses Übel begangen hätten, müssten vor Gericht gestellt werden (zwischen 2003 und 2008 wurden in Australien 106 Priester und Mönche verurteilt). Aber: Kleriker der staatlichen Rechtssprechung zu entziehen und sie primär unter dem Aspekt der »Gnade« zu behandeln – so der Rechtsphilosoph Klaus-Michael Kodalle –, hat eine Jahrhunderte währende Tradition.

Noch gemäß dem Kirchenrecht von 1917 sollten Kleriker prinzipiell weltlicher Gerichtsbarkeit entzogen sein. Im österreichischen Strafgesetz wurde in den § 212, der sexuelle Handlungen an Minderjährigen unter Strafe stellt, wenn sie durch ein Abhängigkeitsverhältnis erzwungen wurden, erst 2006 auch »Seelsorger« aufgenommen und dieser den Lehrern, Ärzten, Psychologen, Beamten, Erziehern etc. gleichgestellt.

Gespannt wartete die Öffentlichkeit auf den Hirtenbrief. Würde Benedikt XVI. auch die in seiner Heimat erfolgten Übergriffe ansprechen? Reformen andeuten, zu denen die Kirchenbasis seit langem drängt, etwa Zölibat? Den (irischen) Opfern beteuerte er: »Ihr habt schrecklich gelitten, und das tut mir aufrichtig leid.« Den Klerikern, die Kinder missbrauchten, schrieb er ins Stammbuch: »Ihr habt das

Vertrauen ... von unschuldigen Menschen ... missbraucht, und Ihr müsst Euch vor dem allmächtigen Gott und vor den zuständigen Gerichten dafür verantworten.« Die Kinder und Jugendlichen Irlands bat er, weiterhin den Blick auf Jesus Christus zu richten:»Er liebt Euch, und er hat sich am Kreuz für Euch hingegeben.« Als »konkrete Initiativen« schlug er u. a. vor: vermehrtes Fasten und Gebet, mehr Gelegenheit für die eucharistische Anbetung, mehr Exerzitien, Beichten. Zu Ende geführt wird das Schreiben »mit einem besonderen Gebet für die Kirche in Irland ..., das ich Euch mit der Fürsorge eines Vaters für seine Kinder und der Zuneigung eines Mitchristen sende, der erschüttert und verletzt ist durch das, was in unserer geliebten Kirche geschehen ist«.

Vielen wirklichen Vätern von missbrauchten Kindern ging die »Fürsorge« des heiligen Vaters zu wenig weit. Kritisiert wurde, dass zwar der irische Episkopat gerügt, aber keine Mitschuld des Vatikans (Geheimhaltung) bzw. der Strukturen (Zölibat, Sexualmoral, Macht) eingeräumt wurde. Aber auch, dass als eine der Ursachen für den Skandal die Säkularisierung herhalten musste, »der schnelle soziale Wandel«, für den 1968 Symbol ist. Ohne die damit verbundene Emanzipation von Autoritäten, auch der Kirche, hätten viele Menschen nie den Mut aufgebracht, das anzuklagen, was ihnen geweihte Männer antaten.

Nahm der Vatikan diese Eingeständnisse so ernst? Zweifel kamen auf, als Kardinal Sodano die Osterliturgie 2010 eröffnete, an den sitzenden Papst gewandt, den Oberkörper demütig geneigt:»Frohe Ostern, geliebter Heiliger Vater! ... Heiliger Vater, mit Ihnen ist das Volk Gottes, das sich nicht vom Geschwätz des Augenblicks und nicht von den Prüfungen beeindrucken lässt, die zuweilen über die Gemeinschaft der Gläubigen hereinbrechen.« Die Diskussion um die selber verschuldeten Missbräuche – eine von außen auferlegte Prüfung. Kath.net nahm den Kardinal in Schutz: »Geschwätz des Augenblicks« habe sich nicht auf die Missbrauchsfälle bezogen. Anders sah dies ein Kirchenmann, der unverdächtig ist, Kardinal Schönborn. Am 28. 4. 2010 bezeichnete er in einem Gespräch mit österreichischen Medienvertretern Sodanos »Geschwätz« als »Beleidigung der Missbrauchsopfer«. Auch berichtete er, Sodano habe als Staatssekretär des Vatikans 1995 das Vorhaben Kardinal Ratzingers vereitelt, gegen Kardinal Groër, des mehrfachen Missbrauchs bezichtigt, eine Untersuchung einzuleiten. Vertuschen!

Kardinal Saraiva Martins, meinte, der Wiener Erzbischof habe damit »der Kirche keinen guten Dienst erwiesen«. Seine über die Medien verbreiteten Vorwürfe gegen Sodano würden der Öffentlichkeit den Eindruck einer Kirche geben, die von Streit zerrissen sei, was absolut nicht der Fall sei. – Absolut *nicht* der Fall? Schönborn wurde gemaßregelt: Es steht nur dem Heiligen Vater zu, Kardinäle zu rügen.

Vor diesem Hintergrund überraschte die Predigt, die Benedikt XVI. am 11. 6. 2010 zum Abschluss des Priesterjahres auf dem Petersplatz vor 15 000 Priestern hielt. Nach einem Lob auf den Priester, der als »armseliger Mensch« ein Sakrament verkörpere und »in Christi Namen das Wort der Vergebung für unsere Sünden (spricht) und … so von Gott her den Zustand unseres Lebens (ändert)«, benannte er die Kirchenkrise: »Es war zu erwarten, dass dem bösen Feind dieses neue Leuchten des Priestertums nicht gefallen würde, das er lieber aussterben sehen möchte, damit letztlich Gott aus der Welt hinausgedrängt wird. So ist es geschehen, dass gerade in diesem Jahr … die Sünden von Priestern bekannt wurden – vor allem der Missbrauch der Kleinen.« Nachdem offizielle Vatikanische Stellen die Missbrauchsfälle als antikatholische Diffamierungskampagne verharmlost hatten, wurden diese Worte als »Bruch mit bisheriger Linie« empfunden. Und doch: Die letztliche Schuld wird projiziert auf den »bösen Feind«, in der Tradition: Der Teufel! Eine Welt ohne Priester, eine Welt ohne Gott? Viele Opfer sehen es genau umgekehrt.

Sodann beteuerte der Papst, »alles tun (zu) wollen, um solchen Missbrauch nicht wieder vorkommen zu lassen«: Berufungen eingehender prüfen, Priester enger begleiten! »Ein für das priesterliche Leben unwürdiges Verhalten« werde nicht länger geduldet, was Eingeständnis ist: Es wurde geduldet – und vertuscht! Bemüht werden sodann die Bilder des Stabes und des Stockes, die der Hirte brauche. Ersteren, um Halt zu schenken. Letzteren, um wilde Tiere und Räuber abzuschrecken, in der Kirche: den Glauben zu schützen: »Gerade der Gebrauch des Stockes kann ein Dienst der Liebe sein.« Wie das auf Ehemalige in Ettal, am Canisius-Kolleg etc. wirken mag, die den Stock auf ihrem Hintern spürten? – Strukturelle Reformen werden nicht in Aussicht gestellt, etwa bezüglich Zölibat, auch wenn die Gesellschaft diesen als »großen Skandal« empfinde. Das Eheverbot für Priester sei in Wahrheit das »beste Gegenmittel gegen andere Skandale, die durch unsere menschlichen Unzulänglichkeiten verursacht werden«. Alle humanwissenschaftlichen Befunde sprechen dagegen.

Für den Abschluss des Priesterjahres erwarteten viele Katholiken, der Pfarrer von Ars, Johannes-Maria Vianney (1786–1859), werde zum Patron der Priester erhoben. Benedikt XVI. verzichtete darauf. In seiner Eröffnungsrede des Priesterjahres am 19. 6. 2009 rühmte er am Pfarrer von Ars, der als Kind ohne eine Muttergottesstatue im Arm nicht einschlafen konnte, nicht nur heilig, sondern äußerst demütig gewesen zu sein. Maria habe er »mit kindlicher Ergebenheit« verehrt. Sein Gehorsam war »ganz und gar verkörpert« – ein braver Sohn von Mutter Kirche. Von Vianney sind auch die Worte überliefert: »Wie gut tut ein Priester, wenn er Gott allmorgendlich sich selbst als Opfer darbringt!« Und: »Nach Gott ist der Priester alles!«

Ob es mit diesen Eingeständnissen und Beteuerungen gelingt, das Vertrauen wieder zu gewinnen? Typisch war das vatikanische Drehbuch auch beim Missbrauchskandal. Der Dominikaner Doyle, der den amerikanischen Episkopat schon in den Achtziger Jahren warnend ersuchte, sich der Wahrheit des Missbrauchs zu stellen, umschrieb es so: »Leugnen, Kleinreden, Schuldzuweisungen und schließlich eingegrenztes Eingeständnis«. Schuld: Gewiss auch die »sündigen« Priester und Ordensleute. Aber auch die Medien, die 68er-Bewegung bzw. sexuelle Revolution, und der »böse Feind«, nicht aber eigene Strukturen.

Kindsmissbrauch–Zölibat: Psychosexuelle Unreife?

Steht Missbrauch in einem Zusammenhang mit dem Zölibat? Bischof Zollitsch, der 2008 aufhorchen ließ, als er den Zölibat für »theologisch nicht notwendig« erachtete, bestritt dies energisch: »Sexueller Missbrauch hat nichts mit dem Zölibat und nichts mit der Sexuallehre zu tun«[7]. Denn die Neigung zu Kindern beginne sich zu regen, bevor die Priesteramtskandidaten ins Seminar eintreten.

Aber genau das verweist auf die wahrscheinlichste Relation. Wer hübsche Jungen oder Mädchen anziehend findet, wird eher einen Beruf anstreben, in dem er mit solchen gesellschaftlich anerkannt in Kontakt treten kann. Wer solche Regungen als sündhaft deutet, wählt eher eine asexuelle Lebensform. So sieht es auch der Direktor des Instituts für Sexualwissenschaft an der Charité in Berlin, Klaus Michael Beier: »Das alles erhöht die Motivation, sich in ein System zu begeben, das von einem Menschen verlangt, die Sexualität hinter sich zu lassen. Dann gibt es keine Fragen mehr wie: ›Warum hast du keine Freundin?‹«[8]. Deswegen sei Pädophilie »unter Geistlichen eher häufiger als in anderen Berufsgruppen«.

Gestützt wird diese Einschätzung durch eine US-Studie des Jay College of Criminal Justice aus dem Jahre 2006. In den USA mussten sich zwischen 1950 und 2002 insgesamt 4392 Priester vor Gericht verantworten, weil sie sich Minderjährigen ungebührlich genähert hatten: Vier Prozent der Priester, eine höhere Quote von Pädophilie als in der Durchschnittsbevölkerung (1 %). Auch der Münchner Moraltheologe Hilbert verlautbarte[9], Pädophilie sei eine Kompensation für institutionell verhinderte Sexualität. »Dieses Keuschheitsideal (zieht) vielleicht auch Menschen an, die Probleme mit der eigenen Sexualität haben«.

Auf einen weiteren Aspekt verweist die Psychotherapeutin Rotraud Perner, die mit pädophilen Tätern arbeitet: Die »Einsamkeit« der Zölibatäre, ihr »Hunger« danach, berührt zu werden, und nach Liebe. »Wenn dann ein Kind kommt, das den Priester anbetet, weil es in ihm ein Vorbild sieht, bekommt dieses Anbeten irgendwann eine erotische Färbung«.[10] Ohnehin ist es verhängnisvoll und letztlich pervers, dass Zölibatäre zwischen der Liebe zu Gott und der evolutionär vorgegebenen, körperlichen Liebe alternativisch wählen müssen, worauf Eugen Drewermann immer wieder hinwies.

Zölibatäre Priester gelten als begnadete »Söhne« von »Mutter« Kirche. Aber vielfach sind sie in ihrer eigenen Sexualität buchstäblich im Knabenalter stecken geblieben und als solche prädestinierter, sich an psychosexuell Gleichaltrige zu halten, auch wenn sie selber längst erwachsen sind. Freilich, zu heiraten oder sexuell zu verkehren, ist kein zwingender Beleg für sexuelle Integrität. Gerade Promiskuosität, die andere selbstsüchtig instrumentalisiert, ist personale Unreife. Aber: Sexuelle Erfahrungen, die selber gemacht werden müssen, sind für psychosexuelles Lernen unumgänglich, gelten aber in der Kirche außerhalb der Ehe als sündig!

Schon 1971 richtete der Psychiater Conrad Baare ein Dossier an die in Rom tagende Bischofssynode. Psychosexuelle und emotionale Unreife herrsche in der Priesterschaft vor. In seiner Stichprobe von 1500 Priestern fand er: Zwischen 20 und 25 Prozent hatten ernsthafte psychische Probleme. Um die 60 Prozent »leiden in einem Ausmaß an emotionaler Unreife, das sie an der Ausübung ihrer priesterlichen Funktion zwar nicht hindert, aber ihnen erschwert, wirklich glückliche Männer und wirkungsvolle Priester zu sein, deren fundamentale Aufgabe es wäre, den Menschen die Freude an der Liebe Christi zu bringen«.

Deutlich drückte sich Hubertus Mynarek aus: Die Kirche züchte als Amtsträger infantile Muttertypen heran. »Die Kirche will ja die Kandidaten sexuell unreif halten, ließe sie nämlich das von den Vereinten Nationen garantierte Menschenrecht des ausgelebten Sexualtriebs zu, zerfiele der Zölibat und mit ihm der mittelalterliche Grundpfeiler der katholischen Macht.« Dies wird jenen Priestern nicht gerecht, die sich zu integren Persönlichkeiten entwickelten.

Dass psychosexuelle Unreife im Zölibat Kindsmissbrauch begünstigt, bestätigt auch Wunibald Müller, der in Münsterschwarzach mit Priestern therapeutisch arbeitet, die an psychosexuellen Problemen leiden. Ebenso die »Täterprofile«, die Herbert Ulonska erstellte. Der evangelische Theologe, jahrelang mit Missbrauch befasst, beschreibt zunächst den »fixierten Täter«. In der eigenen Kindheit traumatisiert, suche er, psychosexuell in der Pubertät geblieben und kaum mit Erwachsenen liiert, im sexuellen Umgang mit Kindern zu kompensieren, was ihm versagt war: Anerkennung, Macht. Als Opfer besonders gefährdet seien jüngere gleichgeschlechtliche Kinder. Zumal solche, die aus »traditionellreligiösen Familien« stammen und »zum Gehorsam gegen Amtspersonen erzogen, werden ›zur leichten Beute‹«. Viele Missbrauchstäter in der Kirche waren auch Opfer.

»Regressive Täter« hätten als Kinder nur wenig authentisch leben dürfen und seien zu schnell an frühreife Standards angepasst worden. Im Erwachsenenalter führe dies zu einer Faszination durch das authentische Kindsein, zum Wunsch, dieses spielerisch nachzuleben, auch erotisch, etwa in Doktorspielen. Dies erschwere, gleichaltrige Intimpartner zu werben. Regressiv Pädosexuelle, typischerweise von (Vor-)Pubertierenden angetan, hätten »es sehr schwer … Schuldgefühle gegenüber ihren Opfern zu entwickeln, da sie es ja mit dem Kind (in sich) nur gut meinen«. Dieses Deutungsmuster wurde im Umfeld der sexuellen Revolution strapaziert, die die Sexualität mit Kindern freigeben wollte. Das Phänomen begegnet auch in der Kirche: Wenn zölibatäre Täter überzeugt sind, mit ihren spielerisch-kindlichen Zärtlichkeiten den Jungen oder Mädchen Gutes zu tun.

Als drittes Profil beschreibt Ulonska den »soziopathischen Täter«. Er geht zumeist aus Familien hervor, in denen der Mann die Frau dominierte und die Jungen dieses Dominanzgehabe verinnerlichten. Wenn sie damit in der Pubertät nicht erfolgreich gewesen seien (etwa »Weichei« hätten einstecken müssen), begünstige dies im Erwachsenenalter die Neigung, »Sexualität als geeignetes Mittel zur Unterdrückung anderer Schwächerer« einzusetzen. »Schüchterne, gehorsame kleine Mädchen faszinieren solche soziopathische Pädosexuellen, selbstbewusste bedrohen sie.« Im kirchlichen Raum bestehen unterstützende Motive: die traditionsreiche Unterordnung der Frau, die gleichzeitige Idealisierung des Kindes. Wie jede Typologie, ist auch diese abstrahierend und vereinfachend. Allen drei Typen gemeinsam ist die Beeinträchtigung der psychosexuellen Entwicklung in der Pubertät.

Der Zölibat ist nicht direkt ursächlich für Missbrauch, aber für andere dunkle Seiten in der Kirche: Doppelmoral, schamhaft verschwiegene Priesterkinder, wie das nächste Kapitel darlegt.

Zweites Kapitel
»Ein strahlender Edelstein«? –
der Pflichtzölibat

Ist der Pflichtzölibat ein »strahlender Edelstein ... in der Krone der katholischen Kirche«? Als solchen würdigte ihn Paul VI. in der Enzyklika »Sacerdotalis caelibatus« (1967). Nicht ganz so glorios sehen dies viele Zölibatäre selber, oft in einem (jungen) Alter zu diesem Gelübde hingeführt, in dem sie nicht wirklich absehen konnten, wie sich ihre Libido entwickelt. Erst recht nicht Betroffene: Geliebte von Priestern, Mütter von Priesterkindern. Die heimliche Lebensgefährtin eines Priesters machte ihrem Unmut Luft:

»Mutter Kirche ... Was bist du für eine Mutter, die ihren Söhnen verspricht ein Leben im Himmel und ihnen bereitet die Hölle auf Erden. Was bist du für eine Mutter, die ihre Söhne kastriert, damit sie vergessen die Lust an der Liebe?«

Die erzürnte Frau scheint Kanon 277 im Kirchenrecht zu kennen: »Die Kleriker sind gehalten, vollkommene und immerwährende Enthaltsamkeit um des Himmelreiches willen zu wahren; deshalb sind sie zum Zölibat verpflichtet, der eine besondere Gabe Gottes ist, durch welche die geistlichen Amtsträger leichter mit ungeteiltem Herzen Christus anhangen und sich freier dem Dienst an Gott und den Menschen widmen können.«
 Die Enthaltsamkeit soll »vollkommen« sein, und »im-

merwährend«. Können dies Zolibatäre? Erleben sie ihn als
»Gabe Gottes«, als was viele Christen/innen auch Erotik
würdigen? Macht er »freier« für den Dienst an den Mitmenschen? Wenn sich einem jungen Priester, einer attrak-
tiven Frau gegenüber sitzend, Phantasien aufdrängen, ohne
die die Evolution nie so weit gediehen wäre? Und: Können
Menschen, wenn sie heiraten und Kinder aufziehen, nicht
mit »ungeteiltem Herzen« Christus anhängen? Warum diese Spaltung von Gottes- und Nächstenliebe?

Zölibat – unterschiedlichste Erfahrungen

Ich durfte vielen Männern begegnen, die gelobt hatten, zölibatär zu leben. In jüngeren Jahren entzündete sich die
Phantasie gelegentlich daran, ob sie den Zölibat einhalten.
Im Gymnasium unterrichtete uns ein junger Franziskaner
in Religion. Wiederholt haben wir Fünfzehnjährigen, denen
der erste Bart spross, ihn provoziert: »Wie machen Sie das
ohne Freundin, ohne Frau?« Er wehrte ab, versprach aber,
einmal seine ganze Geschichte zu erzählen. Wie er damit begann, wurde es mucksmäuschenstill. Er sei verlobt gewesen,
habe aber zusehends den Ruf verspürt, sein Leben einer hö-
heren Sache zu weihen, Gott, der Kirche, so vielen Menschen
wie möglich. Dagegen habe er angekämpft, nächtelang sich
hin- und her gewälzt und seiner Verlobten alles erzählt. Sie
heulte und stellte ihn vor die Wahl: Sie – oder die Kirche! Ob
er glücklich sei? Er nickte, aber ohne Lächeln. Wie seine Ver-
lobte ausgesehen habe, wollte ein Mitschüler wissen. »Blond
und schlank«. Der Frager schüttelte fassungslos den Kopf. –
Acht Jahre später begegnete ich ihm wieder. Er trug Jeans,
lachte im Small Talk und hatte den Orden verlassen.

Bei vielen Priestern ist es müßig, sich Gedanken über die Einhaltung des Zölibats zu machen. Nach dem vierzigsten Lebensjahr drosselt sich die Produktion von Testosteron. Das Durchschnittsalter des katholischen Klerus in Mitteleuropa liegt über sechzig Jahren. Freilich, die Libido kann sich bis ins hohe Alter regen, auch bei Klerikern. In der profundesten Geschichte des Zölibats, Mitte des 19. Jahrhunderts von Nery Lea veröffentlicht, wird der Fall eines 80-jährigen Priesters in Spanien geschildert, der 1786 angezeigt wurde: Er zwang eine Beichtende, sich auszuziehen und auspeitschen zu lassen, was ihn sichtlich erregte. – Die Frage sei erlaubt: Wie würde ein Gremium von Kardinälen über die Zukunft des Zölibats befinden, wenn bei ihnen noch nicht die jährliche Prostatauntersuchung indiziert wäre?

Bei jüngeren Priestern machte ich bezüglich Zölibats unterschiedliche Erfahrungen. Als Fünfzehnjähriger lernte ich auf der Reise der katholischen Jugendorganisation »Fokolare« nach Rom einen Vikar kennen, der mich im Reisebus eindringlich auf einen möglichen Priesterberuf ansprach. Gerührt erwog ich es, nach inszenierten Treffen mit Jungpriestern in Frascati erst recht, die von der Gnade des Priesterlebens schwärmten, aber ernst wirkten. Jahre später klingelte ein guter Freund von mir unangemeldet an die Tür des früheren Vikars, der jetzt ein Pfarrhaus bewohnte. Er ließ ihn in den Vorraum treten, wo sich unverhofft eine Seitentüre öffnete, darin ein junger Mann mit nacktem Oberkörper, der sich sogleich zurückzog.

Es ist schwierig, die Anteile von homosexuell veranlagten Priestern zu eruieren, die ihre Partnerschaften verheimlichen und ein Doppelleben führen müssen: Sonntag Messe, am Montagabend die Fahrt in einschlägige Bars. Richard Sipe hält in seinem Klassiker »Sexualität und Zölibat«, an seiner »Schätzung fest, dass etwa 20 Prozent der gesamten Geistlichkeit eine homosexuelle Orientierung … aufweisen«. Aufkeimende homosexuelle Regungen, zumeist in der Pubertät, können die Wahl eines Männerberufes begünstigen, Bundesheer wie Kirche.

Von mehreren Priestern weiß ich, dass sie Söhne oder Töchter haben. Mit ihnen lässt sich gut über Erziehung reden; es wäre schön gewesen, diese Kinder auch kennen zu lernen. Etliche Priester erlebte ich oft und unbefangen in der Gesellschaft von Frauen, die sich in der Pfarre engagieren. Gelegentlich war die Körpersprache untrüglich: Wenn der Augenkontakt zur Pfarrgemeinderätin länger als fünf Sekunden dauerte und sich die Augenbrauen hoben. Oder wenn – die Welt ist klein – im schmucken Caorle der vorne laufende Herr im Touristenlook, in dessen Arm sich eine Frau eingehängt hat, den Kopf auf seine Schulter lehnend, erkannt wird, ansonsten in liturgischen Gewändern hinter dem Altar.

Persönlich habe ich die Erfahrung gemacht: Priester, die mit ihren Haushälterinnen mehr als den Tisch teilen, waren (und sind) zumeist fröhliche und beliebte Seelsorger. Dass sie deswegen von Pfarreiangehörigen kritisiert wurden – die absolute Ausnahme. Und wenn ja, dann oft von Frauen, die einem näheren Kennenlernen nicht abgeneigt gewesen wären. Nach wie vor haben Priester einen hohen Status, worauf Frauen ansprechen, wenn er, der Predigende, von stattlicher Größe ist, breite Schultern und ein symmetrisches Gesicht – ein wahrer Pater Bricassart wie in den »Dornenvögeln« –, erst recht. Wir können unsere evolutionär gewordenen Partner- und Paarungsinstinkte schwerlich überlisten; auch zweitausend Jahre Kirche haben unsere Biologie nicht verändert.

Wieder andere Priester in meinem Bekanntenkreis hielten den Zölibat ein, sprachen aber gerne einem Glas Wein zu, wobei es nicht bei einem blieb. Gerade unter Priestern ermittelten die wenigen vorliegenden Studien einen besorgniserregend hohen Anteil an schweren Trinkern, Schätzungen des Mediziners Mäulen zufolge zehn Prozent. In Irland kursiert das Sprichwort: »Ist der Priester Alkoholiker, muss er zölibatär sein«.

Etlichen Priestern, denen ich begegnete, schien der Zölibat regelrecht auf den Leib geschrieben; sie würden ehelos leben, auch ohne dazu verpflichtet zu sein. Der Bibelgelehrte, dessen Wohnung so voll von Büchern steckt, dass ein Sofa gar nicht Platz hätte. Der Direktor eines Seminars, der, als Priester und Pädagoge, voll und ganz für seine Schule da war.

Die Ausführungen beanspruchen weder Vollständigkeit noch Repräsentativität. Aber: Wenn solche Argumente in Gespräche mit Zeitgenossen einfließen, selbst am Stammtisch in ländlich-katholischen Gegenden – zustimmendes Nicken!

Zölibat: So oft verletzt und für neun von zehn überholt

Eine überwältigende Mehrheit ist dafür, dass Männer heiraten dürfen und zugleich Priester sein können. Dies ist die empirisch fundierteste Erkenntnis zum Zölibat, dessen Einhaltung sich gültigen Statistiken entzieht: Wer gibt die heimliche Geliebte schon zu?

Doch auch die dazu durchgeführten Studien zeigen ein ernüchterndes Bild. 1995 veröffentlichte der spanische Journalist Rodriguez seine Studie über das Sexualleben spa-

48

nischer Kleriker: 95 Prozent gaben an, zu masturbieren, 60 Prozent bekannten sich zu sexuellen Beziehungen, von diesen 14 Prozent mit minderjährigen Jungen, 12 Prozent mit nicht volljährigen Frauen. Rodriguez löste eine monumentale Debatte aus, aber bewirkte keine Änderung. 1994 wurde der Präfekt der Kleruskongregation, Kardinal José Sanchez, in einem BBC-Interview mit den Statistiken des Zölibatsforschers Sipe konfrontiert: 50 Prozent der Priester in den USA sexuell aktiv! Er räumte ein: »I have no reason to doubt the accuracy of those figures«. (Ich habe keinen Grund, die Genauigkeit dieser Zahlen anzuzweifeln.)

Weitere Studien bestätigten dies, so eine in der Schweiz, am 12.5.2003 im Tagesanzeiger präsentiert: Die Hälfte der Priester unterhält heimlich ein Verhältnis. Gleiche Quoten fand, in einer älteren Studie aus dem Jahr 1991 in Südafrika, der Soziologe Victor Kotze. Dass der Zölibat nicht eingehalten wird (werden kann) – ein wahrhaftig katholisches Faktum!

Ebenso gut gesichert ist: Die meisten Töchter und Söhne der Kirche halten diese kirchendisziplinarische Bestimmung für überholt. Bereits die Erhebungen im Umfeld des Kirchenvolksbegehrens (1995) zeigten eindeutige Trends. Das Meinungsforschungsinstitut Fessel interviewte eine für Österreich repräsentative Stichprobe: 65 Prozent waren sehr dafür, dass jeder Priester frei entscheiden kann, ob er im Zölibat leben oder heiraten will. Weitere 16 Prozent waren grundsätzlich dafür; 10 Prozent votierten dagegen. Jüngere Personen sowie Frauen bekundeten eine noch liberalere Haltung. Selbst 42 Prozent derjenigen Österreicher, die auch unter der Woche die Kirche besuchen – eine verschwindende Minderheit –, waren »sehr dafür«, den Zölibat freizustellen. Bezeichnend ist, wie die Bevölkerung im Bistum

Basel im Juni 1995 reagierte, als sich Bischof Hansjörg Vogel als werdender Vater geoutet hatte. Es wurden Unterschriften gesammelt, um ihn, auch als Vater, im Bischofsamt zu behalten.

Ebenso eindeutig sind die Ergebnisse von Umfragen im Umfeld der Missbrauchsfälle 2010. Infratest dimap ermittelte, repräsentativ für die Bundesrepublik: 87 Prozent halten Ehelosigkeit und Enthaltsamkeit katholischer Priester nicht mehr für zeitgemäß. Polis/USUMA befragte 1008 Bundesbürger: »Haben Sie Verständnis dafür, dass die katholische Kirche ihren Priestern das Heiraten verbietet?« 82 Prozent haben dies nicht, 11 Prozent sagten ja. Nur Wenige, Ultrakonservative, würden Anstoß nehmen, wenn vor katholischen Pfarrhäusern ein Kinderwagen stünde und die Pfarrersgattin auf der Straße als »Grüß Gott Frau Pfarrer« angesprochen würde, wie in der Kirchengeschichte über Jahrhunderte der Fall: Die Frau, die neben dem Pfarrer schlief, war die »Presbytera«, die Priesterin.

Warum hält die Kirche so unerbittlich am Zölibat fest? Warum nimmt sie es eher in Kauf, dass Gemeinden ohne Priester sind und die Eucharistie nur noch selten gefeiert werden kann, als dass eine kirchenrechtliche Bestimmung geändert würde, die kein tragfähiges biblisches Fundament hat? Ein möglicher Grund: Tradition! Aber: Prangte der Zölibat schon jeher in der Krone der Kirche?

Geschichte des Zölibats: Mehr Biologie als Ideal

Der erste Papst war verheiratet: Petrus. Von seiner Schwiegermutter erzählen die Evangelien, dass sie an einem Fieber darnieder lag, Jesus ihre Hand ergriff und sie heilte[11].

Die Geschichte des Zölibats ist eine Geschichte von Konflikten, Doppelmoral und Scheitern, Verdrängung und Sexualneurose – und gepflastert mit unzähligen Opfern, am massivsten jenen Priesterfrauen, die nach dem Konzil in Piacenza (1095) in die Sklaverei verkauft wurden. Durchgängig eingehalten wurde und wird der Zölibat nicht. Die Biologie des Menschen – wie gemäß christlichem Glauben von Gott geschaffen – ist stärker als Kanon 277 im Kirchenrecht.

Das theologische Schlüsselargument für den Zölibat besagt, Jesus habe ehelos gelebt. In der Tat überliefert Matthäus[12] als sein Wort: »Denn etliche enthalten sich der Ehe, weil sie von Geburt an zur Ehe unfähig sind ... und etliche enthalten sich, weil sie um des Himmelsreichs willen auf die Ehe verzichten.« Zum anderen berichtet das apokryphe Philippusevangelium, um 150 n.Chr. entstanden, Jesus habe stets Umgang mit drei Frauen gepflegt: Seiner Mutter Maria, seiner Schwester, und mit Magdalena, seiner »Gefährtin«. Für den renommierten jüdischen Theologen Ben Chorim gilt es als ziemlich sicher, dass Jesus verheiratet war: »Jesus wurde von seinen Jüngern als Rabbi angeredet; ein unverheirateter Rabbi ist aber kaum denkbar, denn mit scharfen Worten verurteilt z. B. der Talmud die Ehelosigkeit: ›Ein Mann ohne Weib ist kein Mensch.‹«

Wie immer dem war, und ob verheiratet oder nicht – änderte dies etwas an der Ethik der Bergpredigt? Sicherlich nicht verheiratet war jener Missionar, ohne dessen Strapazen, Glaubensstärke und Predigtgabe die Jesusbewegung eine provinzielle Episode in Palästina geblieben und niemals zur mitgliederstärksten Religion aller Zeiten geworden wäre: Paulus. Nicht jede Ehefrau wäre gewillt gewesen, sein Leben zu teilen: Wochenlang wandern, über eisige Pässe wie durch glühende Wüsten, hungern und dürsten, draußen schlafen, ausgepeitscht werden, Schiffbruch erleiden[13]. Im Brief an die Korinther schreibt er zwar, es sei gut, kein Weib zu berühren[14]. Er hätte es lieber, »alle Menschen wären, wie ich bin«, ledig[15]. Aber: »Doch ein jeglicher hat seine eigene Gabe von Gott, einer so, der andere so«, womit auch der Ehestand als Charisma gewürdigt wird. Paulus entging nicht, es sei »besser zu freien, als von Begierde verzehrt zu werden«[16]. Seine Ehelosigkeit begründete er nirgends mit dem Vorbild Jesu. Was wäre nahe liegender gewesen: »Auch Jesus lebte ehelos!« Bezüglich der Jungfräulichkeit habe er »*kein* Gebot des Herrn«[17].

Paulus schildert in seinen Briefen wie selbstverständlich, dass die Apostel ihre Frauen mit sich führten. Darum wusste auch ein Kirchenvater, der als einer der ersten die Jungfräulichkeit über die Ehe stellte: Tertullian (gestorben 220): »Es war auch den Aposteln erlaubt zu heiraten und Ehefrauen mit sich zu führen.« Auch den Bischöfen der ersten Christengenerationen. Wiederholt wird in den Pastoralbriefen vom Bischof gefordert: Er soll »unsträflich sein, eines Weibes Mann, nüchtern, mäßig, gastfrei, geschickt zur Lehre, nicht dem Wein ergeben«. Wie könne er einer Gemeinde vorstehen, wenn er es einer Familie nicht kann?[18]

Ein in der Kirche oft verwendetes Argument, um Praktiken oder Überzeugungen zu legitimieren, ist die »apostolische Sukzession«: Die Apostel legten ihren Nachfolgern, den Bischöfen, die Hände auf, und diese ihrerseits ihren Nachfolgern, bis auf den heutigen Tag. Beim jetzigen Papst ließ sich diese Sukzession bis zu dem 1767 verstorbenen Kardinal Bernardino Giraud rekonstruieren. Auch der Zölibat wird oft mit der apostolischen Tradition begründet, so in Klaus Bergers Schrift »Zölibat. Eine theologische Begründung«. Aber: Gemäß apostolischer Tradition *müssten* Bischöfe verheiratet sein.

Wie kam es, dass schon in den ersten nachchristlichen Jahrhunderten massive Anstrengungen erfolgten, Frauen aus den Betten der Priester zu drängen und nur noch Männer an den Altar zu lassen, welche Frauen allenfalls bei der Hand berühren? Die Gründe sind mannigfaltig und keineswegs nur binnenkirchlich. Nicht zu unterschätzen ist der Einfluss des Manichäismus, eine auf den Perser Mani (216–276) zurückgehende antike, leibfeindliche Religion, die ihren Eingeweihten Geschlechtsverkehr untersagte. Die Synode von Elvira (306) schrieb den Enthaltsamkeitszölibat vor, wie er vom Ehelosigkeitszölibat zu differenzieren ist. D.h. zu Priestern konnten auch verheiratete Männer geweiht werden. Aber nach der Handauflegung: Getrennte Betten! Wer als Priester Kinder zeuge, müsse den Klerus verlassen – trotz des biblischen Fundamentalauftrags: Liebet und vermehret euch! Sperma und Vaginalsekrete – unrein und unverträglich mit dem Heben des Kelches! So sah es Papst Siricius (384–399). Nur »reine« und unbefleckte Priester könnten »ein Gott wohlgefälliges Opfer darbringen«.

Waren die Priester fortan willens, wie Joseph zu leben? Nein, die Biologie war stärker. Um den Enthaltsamkeitszölibat durchzusetzen, schlug die Synode von Tours (567) vor, jedem Priester einen Aufseher zuzuordnen, selbst im Schlafzimmer. Dass verheiratete Priester die Regel blieben, zeigten die Beratungen des Konzils von Konstantinopel im Jahr 691. Dieses verlangte von jenen Priestern, die sich um das Bischofsamt bewarben, sich von den Ehefrauen zu trennen. In der Ostkirche ist das Bischofsamt bis auf den heutigen Tag Zölibatären vorbehalten.

Massiver bekämpft wurden Priesterehen im frühen Mittelalter. Die Lateransynode von 1059 verbot konkubinierenden Klerikern, die heilige Messe zu lesen. Als dies der Bischof von Passau seinem Klerus anordnete, wurde er beinahe gelyncht. Entscheidend für die bis heute geltenden Zölibatsgesetze wurden die beiden ersten Laterankonzilien. Das erste, im Jahr 1123 abgehalten, untersagte Priestern »strengstens das Zusammenleben mit Konkubinen und Ehefrauen sowie das Zusammenleben mit anderen Frauen, außer ... Mutter, Schwester, Tante«. Dieses Verbot fruchtete wenig. Sechzehn Jahre später sahen sich die mehr als 500 Väter des Zweiten Laterankonzils genötigt, die Bestimmungen zu verschärfen: »Höhere Kleriker, die geheiratet haben oder eine Konkubine halten, verlieren Amt und Benefizium« – Benefizium ist die mit dem Altarsdienst verbundene Einkunft. Auch lieferten die Konzilsväter eine Begründung: Priester seien »Tempel Gottes, Gefäße des Herrn und Heiligtum des Heiligen Geistes«, es sei »unwürdig, dass sie dem Ehebett und der Unreinheit dienen«. Fortan war die Weihe zum Priester Ehehindernis. Und dies bis heute[19]. Eine nach der Handauflegung zum Priester geschlossene Ehe ist ungültig, es sei denn, der Papst gewährt eine Dispens, wovon Paul VI. (1963–1978) noch großzügig Gebrauch machte, während Johannes Paul II., nachdem der Vatikan einer Flut von Anträgen gegenüberstand, eine restriktive Praxis aufzog.

Trotz der neuen Zölibatsgesetze ging das menschliche Treiben weiter. Die Mystikerin Mechthild von Magdeburg (gest. 1282) prangerte die »verdorbene Pfaffheit« an, die »mit Weibern und mit Kindern und mit anderen offenbaren Sünden« den Weg zur Hölle zeigen. Als im Jahr 1415 die Kirchenmänner zum Konzil nach Konstanz reisten – auch der Reformator Johannes Hus, dem freies Geleit zugesagt wurde, was aber nicht verhinderte, ihn einzuäschern –, wurden 1500 Prostituierte in die Reichsstadt geholt. Noch ›wilder‹ die Renaissancepäpste, speziell Alexander VI. (1492–1503). Er soll im Zentrum der Christenheit wollüstigste Gelage mit Prostituierten veranstaltet haben. Historisch erwiesen sind seine acht Kinder, unter ihnen die legendäre Lucrezia Borgia. Noch als Siebzigjähriger hielt er sich eine junge Mätresse, Giulia Farnese. Die Römer nannten sie »Braut Christi«. Angesichts dieser Lebensweise der Hierarchen war es einfachen Pfarrern nicht zu verübeln, mit einer Frau zusammenzuleben. Dazu drängten Laien die Geistlichen ohnehin, weil sie so ihre eigenen Frauen sicherer wähnten.

Am Konzil von Trient (1561–1563) berichtete August Baumgarten über Pfarrvisitationen, die in Bayern durchgeführt wurden. Unter hundert Geistlichen waren nicht drei oder vier, die sich an die Keuschheitsgelübde hielten. Die Konzilsväter bekräftigten den Pflichtzölibat und belegten alle mit dem Bann, welche es für möglich hielten, Kleriker oder Ordensleute könnten eine gültige Ehe schließen[20]. Ebenfalls beschloss das Konzil, in allen Diözesen Priesterseminare einzurichten, in denen die Alumnen (Seminaristen) auf ihr Wirken vorbereitet wurden und das geistliche Leben pflegten: Tägliche Eucharistie, Stundengebet, Essen an reinen Männertischen: Die Köchinnen und Putzfrauen, zumeist im kanonischen Alter (über vierzig Jahre) aßen separat. Der heimliche Lehrplan der Seminare war (und ist), die Alumnen ins hierarchische System einzuverleiben. Das Kirchenrecht von 1983: Sie seien »so zu bilden, dass sie … dem Papst als Nachfolger Petri in demütiger und kindlicher Liebe ergeben sind«[21]. Auch sollten die Seminare, viele mit düsteren Gängen, die Kandidaten vor den Verlockungen der Welt schützen. Der Saarbrücker Rundfunkpfarrer Karl

Heinz Pfeiffer lebte von 1948 bis 1954 im Seminar und erinnert sich an skurrile, aber symptomatische Ratschläge, wie der Gefährdung durch Frauen zu entgehen sei: Nicht zu lange in die Augen schauen, sich nicht neben eine potenzielle Verführerin auf den Beifahrersitz setzen. Bis heute blieben die Seminare reine Männergesellschaften, von Ausnahmen abgesehen, so Luzern, wo auch Studentinnen im Haus St. Beat wohnen, oder Innsbruck, wo 2004 Brigitte Proksch zur neuen Studienpräfektin ernannt wurde, worauf in kath.net kommentiert wurde, Innsbruck habe kein Priesterseminar mehr. Aber auch diese entsexualisierten Schonräume, in denen gemäß Kirchenrecht »die Verehrung der seligen Jungfrau Maria (zu fördern)« ist,[22] schafften die vom Zölibat bewirkten Probleme nicht aus der Welt.

Hubertus Mynarek zufolge das Gegenteil: Diese Lebensform ziehe – neben Idealisten, die den Zölibat einhalten wollen – junge Männer mit gleichgeschlechtlicher Neigung an, sodann solche, die sich psychosexuell noch nicht entschieden hätten und sich vom Seminar »charakterliche und sexuelle Reife« erwarteten. Aber dafür biete dieses »keine Atmosphäre«. Vielmehr begünstige es, dass sich solche Männer später »an den Schwächsten vergreifen. Denn gegenüber Erwachsenen würden junge Priester solche sexuellen Übergriffe niemals wagen.«

Auch nach dem Trienter Konzil: Das Zölibatsgesetz wurde und wird notorisch übertreten. 1831 schrieb der Subregens des Würzburger Priesterseminars: »Die Hurerei nimmt täglich zu! Viele tausend Priester schreien nach Fleisch ... die Altäre sind entheiligt ... Vom Kardinalskollegium bis zum Kapuzinerbruder muss die Zuchtrute appliziert werden.« Ob dies nützt? Effizienter wäre, was 1830 die Alumnen in Freiburg taten: Sie wandten sich mit einer Bittschrift an den

Landtag – um Aufhebung des Zölibats! Bis heute: Bei einem Besuch im Vatikan gestand der Mexikanische Erzbischof Bartolome Carrasco freimütig, drei Viertel seiner Priester hätten Probleme mit dem Zölibat, worauf ihm 1988 ein Hilfsbischof zur Überwachung der klerikalen Disziplin zur Seite gestellt wurde.

Warum dieses zwangsneurotische Festhalten am Pflichtzölibat? Damit sich Priester voll der Seelsorge hingeben können, nicht belastet durch die Pflichten als Ehemann und Vater? Es gibt Indizien dagegen. Im Jahr 1987 erhielt in Brasilien ein 66-jähriger verheirateter Pensionist mit päpstlicher Genehmigung die Priesterweihe. Die Auflage: Kein Sex! Der entscheidende Kern des Zölibats: Ehelosigkeit? Nein: Enthaltsamkeit! Ein weiteres Motiv: Macht! Der Zölibat ermögliche völlige Verfügbarkeit für Mutter Kirche. Schon im Hochmittelalter machten Päpste (Innozenz III.) die Erfahrung, dass verheiratete Kleriker weniger loyal waren als jene, die Unzucht trieben. Wen aufgrund von Doppelleben Gewissensbisse quälen, ist fügsamer. Da nützt es nichts, dass der Weltkatechismus predigt: »Keuschheit duldet kein Doppelleben und keine Doppelzüngigkeit«[23].

Am massivsten betroffen sind Priesterfrauen und Priesterkinder, die buchstäblich im Dunkel der Kirche sind. Für Institutionen wie »VkPF« (Vereinigung katholischer Priester und ihre Frauen), »ZöFra« (Verein für vom Zölibat betroffene Frauen) oder »Menschenrechte für Priesterkinder« ist zu hoffen, dass ihnen alsbald die gebührende öffentliche Aufmerksamkeit zuteil wird. Möge Sabine Bauer von der »Steyrischen Plattform Kirche« Recht bekommen: »Nach den Missbrauchsopfern werden die verheimlichten Priesterkinder die Nächsten sein, die Anklage gegen die Kirche erheben.«

Am 17. 4. 2010 veröffentlichte das österreichische Nachrichtenmagazin »profil« den Beitrag: »Ohne Namen des Vaters: Frauen und Kinder als Opfer des Zölibats«. Die Tochter eines Priesters erinnert sich, wie ihr als Kind eine Decke über den Kopf geworfen wurde, wenn das ›Familienauto‹ im Heimatdorf vor einer roten Ampel stand und sie hätte entdeckt werden können. Was muss ein Mädchen empfunden haben, dessen Existenz buchstäblich zugedeckt wurde? Und wie sehr steht es im Widerspruch dazu, was die Kirche anmahnt: »Die Eltern sollen ihre Kinder als Kinder Gottes ansehen und sie als menschliche Personen achten«[24]. »Das Grundrecht und die Grundpflicht der Eltern, ihre Kinder zu erziehen, ist unveräußerlich«[25], was auch biblisch hinreichend begründet ist: »Seid fruchtbar und mehrt euch ...«[26].

Frauen machen mit Klerikern unterschiedlichste Erfahrungen. Auch buchstäblich himmlische, wie sie Colleen McCullough in ihrem Weltbestseller »Dornenvögel« schildert. Meggie Cleary, in einer Lebenskrise steckend, verbringt einen Urlaub auf Matlock Island, begegnet dem Priester Ralph de Bricassart, die lange unterdrückte Leidenschaft entzündet sich in feurigen Liebesnächten. Häufiger aber erleben Partnerinnen von Priestern Heimlichtuerei, durchleiden sie die Angst, erwischt zu werden, wenn sie in der Nacht aus dem Pfarrhaus schleichen, oder dass der Liebhaber sich alsbald einer anderen zuwendet. Verlässliche Statistiken liegen nicht vor.

Anne Dördelmann-Lueg sammelte einfühlsam Berichte von Frauen, die sich in ›Gottesmänner‹ verliebten. Viele erlebten die Priester als wenig beziehungsfähig. Tea: »Er sprach von Liebe und Partnerschaft. Als es aber um eine verantwortliche Entscheidung ging, bezeichnete er sich als beziehungsunfähig und trennte sich von mir« – um wenig später mit einer anderen im Bett zu liegen. Viele Priesterfrauen spüren, welche Macht Priestermütter über ihre Söhne haben können. Die 34-jährige Edith verliebte sich auf einer Romreise und begann im Pfarrhaus zu übernachten, bis er ihr am Telefon weinend mitteilte, seine Mutter verbiete, dass sie sich noch einmal sähen – Ängste erwachsener Männer wie bei 14-Jährigen, sie könnten beim Rauchen erwischt werden. Berichtet haben die Frauen auch von sexueller Verklemmtheit, angesichts der gängigen Priestersozialisation wenig verwunderlich. Aber auch davon, wie schwer es ihren Partnern fiel, aus sich heraus zu gehen, von sich selber zu reden. Auch das nicht verwunderlich, weil sie stärker lernten, Priester zu sein – und weniger: Ich. Und: Wenn das Verhältnis aufflog, deutete dies die Gemeinde oft nach dem Eva-Stereotyp: Unser guter Pfarrer, von einer Frau zu Fall gebracht.

Viele Priester aber stehen zu ihren Partnerinnen und tragen die Konsequenzen, oft wenn sich Nachwuchs ankündigt. Ausscheiden aus dem Priesteramt, wobei ihnen in der Regel noch drei Monatsgehälter überwiesen werden, hernach die angefallenen, kleinen Renten, Prestigeverlust, Abstieg. Etliche werden von der Kirche weiter beschäftigt, etwa als Religionslehrer, oder – so Josef Dürnberger, der seine Geschichte den Salzburger Nachrichten erzählte – in der Kirchenbeitragstelle.

In Österreich leben um die 700 laisierte Priester, die sich im Verein »POA« (Priester ohne Amt) organisiert haben und dem Vatikan »das Recht absprechen, Priestern die Ehe zu verbieten«. Trotz des eklatanten Priestermangels, wogegen den Bischöfen zufolge vor allem gebetet werden müsse, lässt man diese pastoralen Potenziale brach liegen. Obschon gemäß »Salzburger Nachrichten« (21. 3. 2009) in zehn Jahren für Salzburg noch 90 Priester für 210 Pfarren zur Verfügung stehen, sieht Generalvikar Hansjörg Hofer »keinen Weg, die ›Priester außer Amt‹ in der Seelsorge einzusetzen«. Ein untergehendes Schiff, Rettungsboote sind da, aber werden nicht benutzt. Notabene: In seinem Brief (10. 3. 2009), in dem Benedikt XVI. die Aufhebung der Exkommunikation gegen vier Bischöfe der Pius-Bruderschaft rechtfertigte, fragte er, ob »uns eine Gemeinschaft ganz gleichgültig sein (kann), in der es 491 Priester … gibt«. Im Hinblick auf die mehr als 100 000 Priester, die seit dem Zweiten Vatikanum ausschieden, weil sie heirateten, fragte er dies nicht.

Während eine Frau entscheiden kann, ob sie sich mit einem Priester einlassen will, wählen sich Kinder ihre Eltern nicht aus. Wie viele Kinder von Priestern aufwachsen, vermerkt keine amtliche Statistik. Die Schätzungen für die Bundesrepublik schwanken zwischen 1700 und 5000 Jungen und Mädchen, denen der eigentliche Vater vielfach als Onkel präsentiert wird. Frauen, mit Priestern liiert und schwanger geworden, erlebten auch, dass diese zur Abtreibung rieten oder nötigten – für die Kirche: Mord! Wieder andere verheimlichen die Vaterschaft, nicht nur ihrer Herkunftsfamilie gegenüber, sondern auch dem Erzeuger, sodass sie Unterhaltsleistungen nicht einfordern können. Für letztere kommen – anders als gelegentlich an Stammtischen behauptet – nicht die Diözesen auf, gemäß einem hartnäckigen Stereotyp bis zum dritten Kind, sondern die Väter selber – oder eben niemand.

Der Kölner Kardinal Meisner: »Wenn *ein Priester ein Kind bekommt*« – biologisch wird dies ohnehin erst gehen, wenn Frauen geweiht werden – »gilt das Verursacherprinzip«, zahlen müsse der Vater. Wenn er einem Orden angehört, wird dieser in die Pflicht genommen. Der Kirchenrechtler Knut Walf bestätigte, dass sich Diözesen vereinzelt an der Alimentierung beteiligten, wenn schriftlich Verschwiegenheit versprochen wurde – die auch bei den Missbrauchsfällen sattsam bekannte Vertuschung. Üblich war und ist, Priester zu versetzen, nachdem ihre Partnerinnen entbunden hatten. Die gleiche Organisation schreibt:»In erster Linie erfüllen sie (die Eltern) diese Verantwortung, indem sie ein Zuhause schaffen, wo Zärtlichkeit, Vergebung, gegenseitige Achtung ... herrschen.«[27] Wenn Priester diese Verpflichtung einlösen, werden sie suspendiert.

Kirchenmänner bedauern oft, wie schwer es Kinder hätten, wenn sich ihre Eltern trennen. Aber sie verschweigen, wie traumatisch es für Kinder sein kann, zu erfahren, dass ihr Vater am Sonntag jeweils hinter dem Altar steht. Dem renommierten Jugendpsychiater Horst Petri zufolge wachsen viele Priesterkinder in einem »unerträglichen Schuld-Scham-Komplex« auf, der es ihnen erschwert, lebenstüchtig und glücklich zu werden. Gibt es einen eklatanteren Widerspruch: Jesus sagte: »Lasst die Kinder zu mir kommen«[28].

Zur aktuellen Zölibatsdiskussion – der Nutzen der Freigabe

Unweigerlich intensivierte der gegenwärtige Missbrauchskandal die Debatte um den Zölibat. Der Vorsitzende der Deutschen Bischofskonferenz sowie der Papst hielten kompromisslos an ihm fest. Benedikt XVI. im Frühjahr 2010: Der Zölibat sei »heilig«, ein »kostbares Geschenk«, eine »Gnadengabe«. Er allein ermögliche »vollständige Hingabe« an

Gott und die Menschen. Eine Lebensform, die Erotik nicht zulässt, wird erotisch aufgeladen.

Nur vereinzelt äußerten sich Bischöfe vorsichtig kritisch zum Zölibat. Im November 2009 hielt es der Bischof von Sitten, Norbert Brunner, für möglich, den Pflichtzölibat abzuschaffen: »Es gibt keine Wesens-Verbindung zwischen Zölibat und Priestertum«. Am 11.3.2010 sagte der Salzburger Erzbischof Kothgasser, der Zölibat müsse »überdacht« werden. Besonders notwendig seien »Wahrhaftigkeit und Ehrlichkeit«. Und er fügte, sehr authentisch, an: »Dass ab und zu die Sehnsucht auftaucht, eine Familie zu haben, das ist wohl klar – auch wenn man ab und zu schönen Menschen begegnet, dann erwacht sicher etwas, was zu uns Menschen gehört. Das ist doch ganz natürlich.«

Nicht alle Katholiken empfanden dieses Interview menschlich berührend, besonders nicht solche, die sich ins katholische Kath.net einloggen. Wer Musterbeispiele für untergriffige, boshafte Attacken auf einen Bischof sucht, weil sich dieser ehrlich zu natürlichen menschlichen Empfindungen bekennt, wird schnell fündig. Er habe, indem er sich dem säkularen, sexistischen Zeitgeist anbiedert, »die Wärme einer Kuhherde (gesucht), die auf der breiten Straße läuft und Muh brüllt« (19.3.2010). Er sei ein »Zölibatstotengräber« (19.3.), seine Äußerungen zeugten von »Intelligenzfasten«, er sollte »seine Berufung überdenken« (12.3.) und habe sich, weil er dem Heiligen Vater in den Rücken fiel, »disqualifiziert«.

Vereinzelt regte sich im Chatroom Widerspruch: Es sei »erschreckend, wie verachtend über einen Menschen geredet wird, der sein Leben für Christus, für unsere kath. Kirche und für uns Menschen einsetzt« (12.3.). Aber untergriffige Kritik überwiegt, desgleichen katholisch Verkindlichendes: »Scharen wir uns eng um unseren lieben Heiligen Vater« (12. 3.) bzw. halten wir uns an die »Lehre der Heiligen *Mutter* Kirche«. Kinder erfahren oft, für ihre Untaten bestraft zu werden. Wenig verwunderlich, dass solcherlei für den Erzbischof gewünscht wird: »Wann greift endlich der Vatikan ein und legt diesen von der wahren Lehre an Gott dem Herrn Abgefallenen das Handwerk!« (19. 3). Infam wird es, wenn Christen beteuern: »Also erstens muss man ganz dringend für Sie beten, dass Sie wieder den Geist der Wahrheit und der Erkenntnis erfahren dürfen und zweitens muss nicht die Kirche sich über den Zölibat Gedanken machen, sondern leider Sie, lieber Erzbischof. Ich bete für Sie, AMEN« (12. 3.). Das Gebet als Waffe gegen einen Mann, der als »lieb« angesprochen wird – verrückter, lateinisch: perverser, kann es nicht sein!

Auf der Höhe der Missbrauchsaffäre (13. 3. 2010) gelangte aus dem Vatikan das Gerücht in die italienische Tageszeitung »La Republica«, die Freigabe des Zölibats könnte doch erwogen werden. Vor fünfzig Jahren sei jedoch mit keinen konkreten Schritten zu rechnen. In der Tat wurde die Diskussion nicht wieder aufgegriffen. Auch nicht durch die Wortmeldung von Bischof Iby im Burgenland, kurz vor seiner Pensionierung (11. 5. 2010): »Es wäre für die Weltpriester sicher eine Erleichterung, wenn der Pflichtzölibat aufgehoben würde« – charakteristisch: Konjunktiv!

Würde die Freigabe des Zölibats das Problem des Priestermangels entschärfen? Im Dezember 2009 meinte der Passauer Bischof Schraml: Nein! Der Zölibat habe sich »über Jahrhunderte bewährt«. Gelegentlich wird behauptet, die Evangelische Kirche habe mit enormen Nachwuchsproblemen zu kämpfen. Auch wenn die Nordelbische Kirche besorgt ist, in den nächsten Jahren könnte es an Pastoren

mangeln – in der Evangelischen Kirche war die Personal-
situation nie so angespannt. Im Gegenteil: Die Hessen-Nas-
sauische Landeskirche teilte Pastorenstellen auf zwei Theologen auf. Umfragen bei österreichischen Theologiestudie-
renden, vom Pastoraltheologen Friesl durchgeführt, zeigten:
Es gäbe mehr Berufungen zum priesterlichen Dienst, wenn
toleriert würde, so zu leben wie Petrus.

Würde Priestern die Lebensform freigestellt, erübrigte
sich auch die Kritik vieler Ehewilliger, wenn ihnen in Vor-
bereitungsseminaren zur Ehe von (offiziellen) Singles Ratschläge gegeben werden (wobei in den letzten Jahrzehnten
erfahrene Ehefrauen und Ehemänner eingebunden wurden). Der Kirchenkritiker Peter de Rosa: »Den Laien innere
Zustimmung zu priesterlichen Verlautbarungen über Sexualität abzuverlangen, ist, als fordere man von praktizierenden
Ärzten, Naturwissenschaftlern, Mathematikern oder selbst
Fußballspielern, Nichtpraktizierenden einfach zu glauben.«
Freilich, anders sah das der Verfasser der Enzyklika zum
priesterlichen Zölibat[29]: »Wenn der Priester den Ehestand
auch nicht aus unmittelbarer und persönlicher Erfahrung
kennenlernt, kann er dennoch auf Grund seiner Bildung,
seines priesterlichen Amtes und der von Gott seinem Stand
verheißenen Gnade einen sogar noch tieferen Einblick in
die ganze menschliche Natur haben«, auch in Probleme von
Ehe und Familie. Formuliert wurden diese arrogant wirken-
den Sätze 1965. Zum 40-jährigen Jubiläum dieser Enzyklika
schrieb Kardinal Hummes, man müsse den Zölibat als »Geschenk Christi … immer von neuem betrachten und ent-
fachen«.

Als Argument gegen die Freigabe des Zölibats wird auch
diskutiert, Priesterehen könnten scheitern. Gewiss, Jesus
schärfte ein, Ehe sei unauflöslich[30], vor allem im Interesse

der Frauen, denen nach mosaischem Recht[31] jederzeit ein Scheidebrief ausgehändigt werden konnte, was viele ins Elend oder in die Prostitution stieß. Margot Käßmann, bis zu ihrer Fahrt unter Alkohol Ratsvorsitzende der Evangelischen Kirche Deutschlands und vom Ideal der christlichen Ehe überzeugt, formulierte in einem Glaubensbuch für Kinder, es sei besser – auch für die Kinder –, sich zu trennen als sich in ständigem Zank zu zerfleischen. Psychologen bestätigen dies. Nach ihrer Krebserkrankung fand sie den Mut zur einvernehmlichen Trennung. Zu Beginn des 21. Jahrhunderts wird ein solcher Schritt, den die Evangelische Kirche respektierte und mittrug, als glaubwürdiger empfunden als die im katholischen Klerus so weit verbreitete Doppelmoral, auch bezüglich der Eheannulierungen.

Drittes Kapitel
Gehorsam: Erziehung auf gut katholisch

Bischof Walter Mixa kam u.a. zu Fall, weil er anfänglich bestritt, im Waisenhaus Sonderhausen Zöglinge gezüchtigt zu haben. Später räumte er ein, nicht ausschließen zu können, Jugendliche geohrfeigt zu haben, was damals üblich und bis 1980 rechtens gewesen sei. Eidesstattlich erklärte ein ehemaliges Heimkind, von Pfarrer Mixa mit dem Stock auf den nackten Hintern geschlagen worden zu sein: »Kind Gottes, nimm diese Strafe!« Geprügelt wurde bei den Regensburger Domspatzen, deren langjähriger Leiter (1964–1994) Georg Ratzinger war, der Bruder des Papstes. Ehemalige berichten, mit dem Rohrstock geschlagen worden zu sein. Wer sich auszog, habe – wie beim Ablass – weniger Hiebe gekriegt, blutunterlaufene Striemen blieben allemal. Hinzu kamen Demütigungen: Speisen essen müssen, vor denen sich die Jungs ekelten, Blutwurst, um sie würgend zu erbrechen – und noch einmal in den Mund stecken zu müssen.

Georg Ratzinger habe von diesem ausgeklügelten System sadistischer Strafen, das Erziehern auch Lust bereitete, nichts gewusst. Später räumte er ein, es seien schon »sehr heftige« Watschen ausgeteilt worden. Welch ein Kontrast: Jesus legte Kindern die Hände auf und segnete sie! Opfer, von denen später viele Therapien aufsuchten (Focus online 5.3.2010), hatten sich damals hilfesuchend an den Direktor gewandt. Er unternahm nichts, sei aber froh gewesen, dass anfangs der 80er Jahre körperliche Züchtigung per Gesetz verboten wurde.

»Wer seinen Sohn liebt, züchtigt ihn«

»Wie heute Kinder christlich erziehen?« fragte ich zu Beginn eines Ausbildungskurses für Religionslehrer/innen. »So wie in der Bibel!« antwortete eine Teilnehmerin. In der folgenden Stunde bat ich die Männer und Frauen, u. a. folgende Bibelverse nachzulesen: Spr 13,24, Dtn 21,18–21, Jes Sir 30,12, Hebr 12,6. Nachdem sie das getan hatten, wollte niemand mehr Erziehung ausschließlich an jenem Buch ausrichten, auf das in Gerichtssälen geschworen wird.

Prügelpädagogik, wie in vielen Klöstern, Schulen, Internaten bis in die Gegenwart praktiziert, empfiehlt das Buch der Sprichwörter: 13,24: »Wer die Rute spart, hasst seinen Sohn, wer ihn liebt, nimmt ihn früh in Zucht.« Ziel ist es, den störrischen Eigensinn der Kinder zu brechen, Gehorsam durchzusetzen. Wenn dies, trotz Prügel, nicht gelinge, sei der Sohn – so Dtn 21,21 – vor die Tore der Stadt zu schleifen und zu steinigen. Die Zucht soll nach Jesus Sirach[32] früh beginnen: »Beug ihm den Kopf in Kindestagen; schlag ihn aufs Gesäß, solange er klein ist, sonst wird er störrisch und widerspenstig.« Genau gleich wird die Pädagogik durch Gott konzipiert: »Denn wen der Herr lieb hat, den züchtigt er, und er schlägt jeden Sohn, den er annimmt. … Würdet ihr nicht gezüchtigt, wie es doch bisher allen ergangen ist, dann wäret ihr nicht wirklich seine Kinder«[33]. Daraus wird ersichtlich, wie selbstverständlich die Prügelstrafe war, bereits im alten Ägypten, ebenfalls in Rom, wo das geflügelte Wort kursierte: Nicht mehr verprügelt werden – Ende der Schulzeit!

Die mit Christus verbundene Zeitenwende brachte keine nennenswerte Wende in der Erziehung. Jesus selber ging zwar mit Kindern rücksichtsvoll, ja zärtlich um. Aber schon Paulus mahnte: »Ihr Kinder, seid gehorsam euren Eltern«, riet aber, die Kinder nicht zum Zorne zu reizen[34]. Selbstverständlich war schwarze Pädagogik für den Vater der Erbsündenlehre, Augustinus, der das Bild des boshaften Kindes (Erbschuld) ins abendländische Erziehungsdenken einbrachte. Zum Elend des Lebens gehören für ihn die Schreckmittel, »die man anwendet, den Unarten der Kleinen zu steuern. Wozu Erzieher, Lehrer, Stecken, Riemen, Ruten, wozu all die Züchtigungen, mit denen man … den Rücken des geliebten Sohnes bläuen soll, damit er nicht unbändig heranwächst.«

Vollstreckt wurde dies, oft bis aufs Blut, in den Klöstern, wo die jungen Novizen auch sonst gedemütigt wurden: Dass ihnen Heu und Stroh vorgesetzt wurde, sie aus Sautrögen essen mussten, in finstere Einzelhaft gesetzt wurden, wenn sie fliehen wollten – einzig, um ihren Willen zu brechen, auch mit Brennnesseln, die noch ärger schmerzten, wenn sie auf die ausgepeitschte Haut gedrückt wurden.

Die Reformation änderte daran nichts. Luther sagte, lieber einen toten Sohn zu haben als einen ungehorsamen. Er empfahl, neben dem Apfel (Lohn) stets die Rute zu legen, wie sie von einem der populärsten Heiligen vorbeigebracht zu werden pflegte, vom heiligen Nikolaus.

Einer der ersten Pädagogen, der Prügel verwarf, war Pestalozzi (1746–1827). Auffälliges Verhalten führte er, anders als die Kirche, nicht auf die böse Natur des Kindes zurück, sondern auf Versäumnisse und Fehler der Erzieher. Er war ein einsamer Rufer in der Wüste. Geprügelt wurde weiterhin, in der Schule wie in der Kirche. In meinem Wohnort nördlich von Salzburg erinnern sich viele Mitbürger, wie der Pfarrer bis zu Beginn der Siebziger Jahre im Religionsunterricht seinen »Beißhansl« dabei hatte, eine 50 cm lange Gummiwurst. Sie sauste jede Stunde auf die Schultern. Die damals Verprügelten meinen heute, es habe nichts geschadet, im Gegenteil. Ein klassischer Abwehrmechanismus: Identifikation mit dem Angreifer!

Es war die mit 1968 symbolisierte Emanzipationsbewegung, die körperliche Züchtigung aus der Erziehung drängte. Wo hielt sie sich besonders lang? In Bayern, dessen oberstes Landsgericht noch 1979 »ein gewohnheitsrechtliches Züchtigungsrecht« einräumte, um es ein Jahr später abzustellen. Aber noch länger: In katholischen Bildungseinrichtungen. Gewiss, viele Erzieher haben *nicht* geschlagen. Während 1968 die Studenten protestierten, waren nicht nur in der Klosterschule in Ettal körperliche Übergriffe tägliche Praxis. Der damalige Abt zwang auf einer Wanderung einen Schüler, eine Nacktschnecke zu essen. Bis in die Neunziger Jahre waren Kopfnüsse üblich, auch massive Schläge mit der offenen Hand.

Am 8. 4. 2010 berichtete in der ZEIT ein Schüler von seinen Qualen in einem katholischen Heim, der *1982* geboren wurde: Manuel Faser. Er kam mit 14 Jahren in das Don Bosco Schülerheim Fulpmes im Tiroler Stubaital. Schon in der zweiten Woche musste er stundenlang auf den kalten Fliesen des Duschraums stehen, weil er nach 21.30 Uhr (Beginn des Redeverbots) im Schlafraum seine Mitschüler mit »Hallo« begrüßte. Wenn jemand während dem Tischgebet schwatzte, wurde mit Gegenständen nach ihm geworfen. Die so frustrierten Schüler entluden ihre Aggressionen an den jüngeren Mitschülern, die sie in ihren Kleidern unter die kalte Dusche zerrten. Der Heimdirektor, der diese schwarze

Pädagogik zuließ, war schon 70 und gab sich gerne als »Wohltäter« der Schüler aus. Bei einem Abendessen sagte er im vollen Speisesaal: »Zwischen den Schenkeln einer Frau findet sich der Eingang in die Hölle.« Ein unüberbietbares Beispiel, dass eine von der Kirche geförderte gestörte Einstellung zur Sexualität, weil sie existenziell frustriert, Sadismus begünstigt.

Das Übereinkommen über die Rechte des Kindes aus dem Jahr 1989 verpflichtet in den Artikeln 18 und 29 zu gewaltfreier Erziehung. 1990 unterzeichnete auch der Vatikan dieses UN-Dokument. Die Kirche spielte diesbezüglich keine Vorreiterrolle. Sie basiert auf einer Heiligen Schrift, deren konkreten erzieherischen Ratschläge, wenn sie befolgt würden, hinter Gitter brächten. In einem Chatroom über Bischof Mixa, als sich die Prügelvorwürfe gegen ihn erhärteten: »Er hat nur getan, was in der Bibel steht!« Für den Klinischen Psychologen Franz Buggle ist dies ein Grund, die Bibel auf den Index der jugendgefährdenden Literatur zu setzen.

Es war die emanzipatorische Pädagogik der 68er, die aus dem »Hat ja eh nicht geschadet« – so die traditionsreiche Theorie der Ohrfeige – eine barbarische Erziehungsmethode machte. Nicht nur der jetzige Papst missbilligte die 68er-Bewegung, die im familiären Bereich den klassischen Gehorsamshaushalt in einen Verhandlungshaushalt transformierte und demokratische Gesinnungen forcierte, wie sie in der Kirche nicht gerne gesehen, sondern zurückgedrängt werden.

Überall, wo religiöser Fundamentalismus erstarkt, gewinnt schwarze Pädagogik Zuspruch. So im Islam. Das Buch »As Salah – Das Gebet im Islam«, beziehbar über die Homepage des Zentralrats der Muslime in Deutschland,

empfiehlt, Kinder vom siebten Lebensjahr an durch Ermah-
nungen zum Gebet anzuhalten, vom zehnten Jahr an »not-
falls durch Schläge«. Streng an die Bibel halten sich auch
evangelikale Christen, viele davon in den USA. Typischerweise ächten diese Homosexualität und vorehelichen Sex,
befürworten aber Todesstrafe und Irakkrieg – und Prügel,
erteilt im Namen Gottes.

Auch konservative Katholiken tendieren dazu, schwarze
Pädagogik zu bagatellisieren. Die Kopfnüsse in Ettal seien –
so der kommissarische Schulleiter im Jahre 2010 – nur leicht
und mehr zum Spaß gewesen, davon abgesehen, dass diese
Pädagogik einfach selbstverständlich war. Viele fordern sie
ausdrücklich wieder ein. Ein Chatter in Kath.net meint, die
heutigen Erziehungsgesetze seien »gegen Gottes Willen ...
Wir müssen wieder lernen, dass Schläge mit dem Stock eine
Tat der Liebe sein können. Gott ist die Liebe. Stockschläge
können einen Menschen auf den richtigen Weg bringen und
vor der ewigen Verdammnis erretten.« Auch Benedikt XVI.,
in seiner Ansprache vom 11. 6. 2010 an die Priester, bemühte
das Bild des Stockes, den die Hirten einsetzen müssten, zum
Schutze der Herde und des richtigen Glaubens.

Warum war die katholische Kirche anfällig für gewalt-
tätige Erziehung? Eine mögliche Erklärung bietet der evangelische Theologe Herbert Koch: Wenn Erlösung durch
Gewalt geschieht, wie Jesus sie aus Liebe für uns Menschen
erlitt, begünstigt dies die Ansicht, Züchtigung gereiche dem
Menschen zum Heil. Die Bibel folgerichtig: »Wen der Herr
liebt, den züchtigt er ...«[35]. Zudem favorisierte die Erbsündenlehre ein negatives Bild des Kindes als verstocktes
Wesen, dessen Eigensinn zu brechen ist. Bezeichnenderweise soll Walter Mixa, wenn er prügelte, gesagt haben: »In
dir ist der Satan, den werde ich dir schon austreiben.«

Ein braves Kind gehorcht geschwind! Auch die erwachsenen Kinder der Kirche, die »Mutter und Lehrmeisterin« ist[36]. Katholiken haben der Lehre der Kirche »unbedingten Gehorsam des Verstandes und des Willens« entgegenzubringen. Diese Formulierung gehört seit dem Ersten Vatikanum, das die Unfehlbarkeit durchzwängte, zum fixen Vokabular[37]. Nach der Aufklärung – »Habe Mut, dich des eigenen Verstandes zu bedienen!« – ist dies eine Ideologie. Sie wird im Folgenden verdeutlicht am Vorbild des überbraven Jesusjungen, an Direktiven des Opus Dei, der Gehorsamspflicht der in der Kirche Tätigen.

War der Jesusjunge stets brav? Historisch wissen wir es nicht, die Kindheit Jesu liegt im Dunkeln. Gemäß apokryphen Kindheitsevangelien war Jesus kein pflegeleichtes Kind. Er ärgerte seinen Lehrer zur Weißglut. Als dieser ihm auf den Kopf schlug, verfluchte er ihn und ließ ihn in Ohnmacht fallen. Der überforderte Josef wusste sich nicht anders zu helfen, als den Rowdy einzusperren. Nach Lukas[38] riss der Zwölfjährige in Jerusalem einfach aus.

Vielen Generationen wurde ein anderes Bild auferlegt: der Jesusjunge als Verkörperung absoluten Gehorsams, Vorbild nicht nur für Kinder, sondern Katholiken generell. Stets ist er fleißig, wischt Hobelspäne auf, trägt Wasserkrüge an Marias Herd, gehorcht aufs Wort. Weitverbreitete katechetische Schriften, so das Religionsbuch von Pichler, schildern Jesus ohne Pubertät: »Er ist gehorsam dreißig Jahre hindurch. Jesus leistet diesen Gehorsam nicht nur als kleines Kind ...« »Ich will fromm und fleißig sein wie das liebe Jesuskind. Ich will meinen Eltern gern folgen.« Favorisiert wird ein fügsames, reaktives Kind-Ich. Und nicht ein spontanes, neugieriges. Der Weltkatechismus weiß zum »verborgenen« Leben Jesu: »In seiner Unterordnung unter seine Mutter und seinen Pflegevater erfüllte Jesus das vierte Gebot voll und ganz. Sie war das irdische Bild seines Sohnesgehorsams gegenüber seinem himmlischen Vater. … Mit dem Gehorsam Christi im Alltag des verborgenen Lebens begann schon die Wiederherstellung dessen, was der Ungehorsam Adams zerstört hatte«[39].

Vor einigen Jahren sammelten wir Schüleraufsätze zum Thema: »So stelle ich mir Jesus als Kind vor«. Zwei Gruppen ließen sich bilden: Jesus, ein Kind wie andere auch, Streiche spielend, manchmal Lehrer oder Mama ärgernd. Die zweite: Jesus ein besonders braves Kind: »Er ging jeden Sonntag in die Kirche und betete dreimal am Tag. Zu Freunden ging er nur selten.« Je stärker die Kinder kirchlich sozialisiert worden waren, desto wahrscheinlicher wurden ihre Aufsätze der zweiten Gruppe zugeordnet.

Ebenso brav: Maria. Sie »übte mit ihrem göttlichen Kind den demütigsten Gehorsam gegen ihren heiligen Bräutigam Josef«. Die heilige Familie: Tugendvorbild des Gehorsams gegenüber der Obrigkeit, Gott – und der Kirche. Dass die katholische Kirche nach wie vor mit unterwürfigen Gläubigen liebäugelt, belegt die Sympathie, die dem »Opus Dei« entgegengebracht wird, einer »Personalprälatur«, die direkt dem Vatikan untersteht. Der Gründer Escrivá de Balaguer schrieb in seiner Aphorismensammlung »Der Weg«: »Gehorcht, wie ein Werkzeug in der Hand des Künstlers gehorcht, das nicht danach fragt, warum es dies oder jenes tut.«[40] Opus Dei Sympathisanten schwächten ab: Gemeint sei nicht der Leiter, sondern Gott.

Aber de Balaguer, der Erwachsene als »mein Sohn« oder »meine Tochter« anzureden pflegte, weiter: »Gehorchen …, sicherer Weg. Den Vorgesetzten mit rückhaltlosem Vertrauen gehorchen« – im spanischen Original: »blind gehorchen«[41]. Mehr als zweihundert Jahre nach der Aufklärung: »Du sollst dir die bewährte Erkenntnis vor Augen halten, dass der eigene Verstand ein schlechter Ratgeber ist.«[42] Faktisch ist dies nicht nur die Verweigerung der Aufklärung, auf die die demokratischen Rechtsstaaten zurückgehen, sondern Entmündigung. Bedenklich, wenn Angehörige des Opus Dei in öffentlichen Bildungseinrichtungen tätig sind (Jugendarbeit, Religionsunterricht) und dort Nachwuchs rekrutieren, oft in jugendlichem Alter, Idealismus und Begeisterungsfähigkeit ausnutzend. Eindrücklich schildert Klaus Steigleder, wie er mit 15 Jahren in das ›Werk‹ hineingezogen wurde und in vollständige Abhängigkeit geriet, sich von seiner Familie entfremdete und, noch nicht zwanzig Jahre alt, Ehelosigkeit gelobte. Als junger Mann fiel es ihm enorm schwer, das Werk zu verlassen, weil dies der ärgste Ungehorsam sei, gewirkt vom »Teufel«, und lähmende Schuldgefühle auslöste.

Der Mann, durch den Gott dieses Werk gewirkt habe, ordnete, um Demut zu vertiefen und Gehorsam zu stärken, auch an, zwei Stunden am Tag das Cilicium zu tragen, einen schmerzhaften Bußgürtel aus Ziegenhaaren (Sonn- und Feiertage ausgenommen), sowie sich wöchentlich mit einer fünfschwänzigen Handgeißel zu kasteien. An seine Leser schrieb er: »Du bist schmutziger, herabgefallener Staub[43] … Wenn deine Demut dich dahin bringt, dich als Unrat, als einen Haufen Unrat zu erkennen, können wir aus all deiner Erbärmlichkeit noch etwas Großes machen.«[44] Verständlich, dass Opus Dei-Angehörige von Aussteigern als erschreckend autoritätshörig charakterisiert werden, intolerant, unkritisch, sexuell verklemmt. Dieser Mann, der einschärfte: »Sei Kind – noch mehr Kind – aber komme mir nicht in die Pubertätsjahre«[45], verstarb 1975. Psychologen (u. a. Alfred Kirchmayr) diagnostizierten in seinem Schreiben und Tun pathologische, menschenverachtende Züge. Die Kirche sprach ihn bereits 1992 selig. In seiner Dankespredigt (19.5.1992) lobte Kardinal Ratzinger Balaguers Gehorsam gegenüber Papst und kirchlicher Hierarchie. »Darin liegt keinerlei Positivismus der Autorität. Die Kirche ist nicht ein Machtsystem ...« Dass sie sehr wohl als »Machtsystem« erlebt wird, wissen diejenigen Männer – und seltener Frauen –, die in ihr arbeiten.

Wer in der Kirche ein Amt übernimmt, hat einen Treueeid zu leisten[46]. Dieser beinhaltet die Verpflichtung zu »christlichem Gehorsam«, und zwar in allem, »was die Bischöfe ... festsetzen«, und *weil* es diese sagen – ein letztlich blinder Gehorsam. Freilich hat jedes Unternehmen das Recht, von seinen Mitarbeitern Loyalität zu erwarten, die sich umso nachhaltiger einzustellen pflegt, wenn sie nicht beschworen wird. Ohnehin predigte Jesus: »Ich aber sage euch: Ihr sollt überhaupt nicht schwören«[47].

Viele Mitarbeiter der Kirche leben in einem permanenten Gefühl der Angst, das sich verstärkt, wenn die private Lebensführung nicht mehr kirchlichen Normen entspricht, aber auch davor, die eigentliche Meinung zu sagen. Er werde – sagte mir jüngst ein höher gestellter Mitarbeiter in der kirchlichen Bildung – seine Meinung zur Kirche erst sagen, wenn er in Pension gegangen sei. »Euer Ja sei ein Ja, und euer Nein sei ein Nein« – so Jesus in der Bergpredigt[48].

Gemäß Kirchenrecht[49] sind Kleriker »in besonderer Weise verpflichtet, dem Papst und ihrem Ordinarius Ehrfurcht und Gehorsam zu erweisen«. Umso mehr ließ im Juni 2010 eine Studie der Kepler-Universität Linz mit mehr als 400

Weltpriestern aufhorchen. Vier von fünf sprechen sich für die Weihe verheirateter Männer aus, die Hälfte könnte auch Frauen am Altar sehen – eine Option, die sie nicht vertreten dürften.

Dass nicht mehr alle Priester »brav« sind, stimmte den Abt von Heiligenkreuz, Gregor Henckel-Donnersmarck, »traurig«. »Den Pfarrern fehlt das kirchliche Bewusstsein, die Einfügung in den Gehorsam … Es sind nicht alle ausreichend kirchlich indoktriniert …, das heißt in die kirchliche Lehre liebevoll eingedrungen.« Bemerkenswert, wie Begriffe umgedeutet werden: Indoktrination als »liebevolles Eindringen«. Faktisch aber ist sie – auch in der Kirche – »gezielte Manipulation durch gesteuerte Auswahl von Informationen, um ideologische Absichten durchzusetzen oder Kritik auszuschalten.« Notabene: Im Chatroom der Tageszeitung »Presse« schrieb jemand dazu, den Pfarrern fehle es nicht an Gehorsam. »Nein, es fehlen ihnen die Ehefrauen.« Eine Reply: »Dann würden sie lernen, was gehorsam ist.«

Zu besonderem Gehorsam verpflichtet – mitunter gegen die Vernunft – sind auch katholische Theologen. Im Vergleich zu ihren evangelischen Kollegen waren sie nie so frei. Letztere entwickelten im 19. Jahrhundert die historisch-kritische Exegese, welche erkannte, dass die fünf Bücher Mose aus verschiedenen Quellen (Jahwist, Elohist) zusammengestellt und nicht von einem Einzelnen verfasst wurden. Noch 1906 hielt die römische Bibelkommission aufgrund »der beständigen Überlieferung der Kirche« an der alleinigen Verfasserschaft des Mose fest[50], obschon in Dtn 34 geschildert wird, wie Moses stirbt.

Katholische Exegeten, die ihrem wissenschaftlichen Gewissen folgten, verloren ihre Lehrbefugnis, so Albert Loisy, 1908 exkommuniziert. 1979 hielt Johannes Paul II. Ansprachen über Liebe. Dabei unterschied er – wie der gefeuerte Loisy 80 Jahre früher – im 1. Buch Mose zwei literarische Stränge (Jahwist, Elohist). Sein Vorgänger Pius X. hätte ihn als Exegeten dafür entlassen.

Heftige Diskussionen löste 1990 die »Instruktion über die kirchliche Berufung des Theologen« aus, in welcher diese instruiert wurden, sich im Falle abweichender Auffassungen den lehrenden Hirten unterzuordnen und ja nicht in die Medien zu gehen. Der Rekurs auf das Gewissen wird nicht gelten gelassen: »Das richtige Gewissen des katholischen Theologen (setzt) den Glauben an das Wort Gottes voraus …, aber auch die Liebe zur Kirche, von der er seine Sendung erhält, und die Achtung vor dem mit göttlichem Beistand ausgezeichneten Lehramt.«

Dieser Instruktion war die Kölner Erklärung von 220 Katholischen Theologen vorausgegangen: »Wider die Entmündigung – für eine offene Katholizität«. Mehrere Theologen, die unterschrieben, erhielten in der Folge das kirchliche »nihil obstat« (Lehrerlaubnis) nicht mehr, wenn sie an eine andere Universität wechseln wollten. Wenn der Gehorsam einem Lehramt gegenüber, das für sich göttlichen Beistand beansprucht, aber in so vielem geirrt hat (Galilei, Evolution), wichtiger ist als die Freiheit theologischer Forschung, muss sich der Staat überlegen, ob und wie lange er solche ›Wissenschaft‹ an den Universitäten behalten will. Und dies erst recht, wenn theologische Fakultäten genötigt werden, als Professoren Priester zu berufen, und nicht die besten Fachvertreter, weil diese entweder Frauen oder verheiratete Männer sind.

Dass die Kirche faktisch ein Machtsystem ist, erfuhren viele Diözesen, denen Rom Bischöfe vorgesetzt hat, die demokratisch niemals eine Chance gehabt hätten. Die Liste ist lang: Chur, wo 1990 Wolfgang Haas als Weihbischof Koadjutor mit automatischem Nachfolgerecht durchgedrückt wurde. Als die kantonalen Landeskirchen die Kirchensteuern stornierten und die Situation unerträglich wurde, schuf der Vatikan für ihn ein eigenes Erzbistum: Liechtenstein; Wolfgang Haas meinte, der Heilige Geist habe dies bewirkt. St. Pölten, wo Kurt Krenn aufoktroyiert wurde. Dass sich am Tag der Weihe protestierende Menschen vor das Portal des Domes legten, um den Einzug des Hirten zu verhindern, bekümmerte wenig, es gibt ja Seiteneingänge (Wie viele würden sich heute noch hinlegen?). Augsburg, eine der großen deutschen Diözesen, wohin Mixa berufen wurde – jetzt zutiefst gespalten!

Das Ernennungsrecht für Bischöfe steht dem Papst zu[51]. Wenn neue Diözesen eingerichtet werden, gibt es keine demokratischen Privilegien mehr, wie sie sich in älteren Diözesen gehalten haben, etwa Salzburg. Hier kann das Domkapitel aus drei vom Vatikan vorgeschlagenen Kandidaten auswählen. Aber was, wenn alle drei mehrheitlich als *gegen* die Diözese empfunden werden? Salzburg wählte 1988 den ältesten – »biologische Lösung« hieß dies bei Kircheninsidern. Allerdings, im Falle von Gerhard Wagner, 2009 zum Linzer Weihbischof designiert, gab es einen Rückzieher, angeblich aus freien Stücken. Ultrakonservative bezichtigten die österreichischen Bischöfe, die die steigenden Kirchenaustritte registrierten, der Feigheit vor den Massenmedien und dem liberalen Zeitgeist. Ein österreichischer Abgeordneter: »Die Bischöfe haben den Bogen überspannt, eine schallende Belehrung aus Rom täte ihnen gut.« Und wieder anderen sind die Hirten viel zu brav – keine leichte Situation.

Viertes Kapitel
»Lust ist Sünde« – katholische Sexualdoktrin

Sind Sie verheiratet? Wenn ja, dann ist Ihre Lebensform gemäß offizieller Lehre der Katholischen Kirche weniger gut und weniger selig als das jungfräuliche bzw. zölibatäre Leben. Die Konzilsväter in Trient (1561) beschlossen: »Wer sagt, der Ehestand sei dem Stand der Jungfräulichkeit oder des Zölibates vorzuziehen, und es sei nicht besser und seliger, in der Jungfräulichkeit und dem Zölibat zu bleiben, als sich in der Ehe zu verbinden: der sei mit dem Anathema belegt«[52], d. h. er oder sie sei »ausgeschlossen«, »verflucht«. Und warum sei – bis auf den heutigen Tag – Jungfräulichkeit bzw. Zölibat besser? Weil – so das Kompendium[53] des Weltkatechismus aus dem Jahre 2005 – diese Lebensform »eine hervorragende Weise ist, sich leichter mit ungeteiltem Herzen Gott hinzugeben«.

Freilich, mittlerweile würdigen viele Theologen menschliche Sexualität, so Heribert Haag und Katharina Elliger: »Die Diskriminierung der Sexualität – ein Verrat an der Bibel«. Im Alten Testament stehen Verse, deren Schreiber über beide Ohren verliebt waren: »Dein Schoß ist eine runde Schale, an Mischwein soll es nicht fehlen! ... Deine beiden Brüste sind wie zwei Kitze.«[54]

Als erstes wird, primär auf den Weltkatechismus Bezug nehmend, die verbindliche Sexualdoktrin der Kirche anskizziert. Anschließend wird auf (psychologische) Gründe für die hohe kirchliche Wertschätzung der Jungfräulichkeit eingegangen, bevor hinlänglich gesicherte, gerade in der Kirche wahrnehmbare Effekte der Zurückdrängung von Sexualität zu erörtern sind: Sexualisierung von Frömmigkeit, sowie Projektionen auf die Frau, die zu ihrer Diskriminierung führ(t)en.

Die offizielle Sexualdoktrin der katholischen Kirche

Als 1993 der Weltkatechismus (KKK) erschien, massenmedial stark beworben, blätterten viele Journalisten zum sechsten Gebot. Gemäß der Bibel[55] bezieht sich dieses ausschließlich auf Ehebruch. Dies hinderte die Verfasser nicht, das Gebot »auf alle Sünden gegen die Keuschheit« zu beziehen[56]. Was konnten die neugierigen Journalisten lesen? »Gott ist Liebe und lebt in sich selbst ein Geheimnis personaler Liebesgemeinschaft.«[57] »Jeder Mensch, ob Mann oder Frau, muss seine Geschlechtlichkeit anerkennen und annehmen«[58], auch Männer und Frauen, die enthaltsam leben wollen. Umfangreicher sind die Ausführungen zur Keuschheit, wie in der Kirche von Anfang an hochgehalten, aber nicht immer eingehalten, wenn sich Gläubige, in jungen Jahren, dazu verpflichteten. »Keuschheit bedeutet die geglückte Integration der Geschlechtlichkeit in die Person«[59], womit auch gesagt ist, dass seine Geschlechtlichkeit nicht personal integriert, wer masturbiert (s. u.). »Der keusche Mensch bewahrt die in ihm angelegten Lebens- und Liebeskräfte unversehrt«[60]. Kritiker könnten einwenden: »ungenutzt«. Keuschheit duldet »kein Doppelleben«, wie sich diesbezüglich der Zölibat auswirkt, wurde dargelegt.

Sex nur in der Ehe

Entschieden hält der Katechismus daran fest, dass Brautleute jene »Liebesbeziehungen, die der ehelichen Liebe vorbehalten sind, der Zeit nach der Heirat vorbehalten«[61]. Moraltheologen wie Alfonso Liguori (1696–1787), Verfasser einer siebzig Mal aufgelegten Anleitung für Beichtväter, in der auch darüber nachgedacht wurde, ob es schwer sündhaft sei, nach dem dritten Geschlechtsverkehr in derselben Nacht einen vierten zu verweigern oder erst einen fünften, führten spitzfindige Überlegungen an, was vor der Ehe erlaubt sei, und was nicht. In meiner Kindheit hieß es noch, mit einem Zungenkuss müsse man zuwarten. Priester konsultierten gerne die »Katholische Moraltheologie« von Jone[62]. Zwar könne »niemandem zugemutet werden, dass er eine ganz unbekannte Person heiratet«. Aber er erteilte den eindringlichen Rat, Brautleute »nie allein miteinander« zu lassen, »wenigstens nie an einem Orte, an dem sie nicht leicht überrascht werden können.« Auch sollen sie sich »nicht zu oft miteinander treffen«, eifrig beten, die Sakramente empfangen, sich »in ehrbarer Weise anfassen, umarmen und küssen«, aber: »In geschlechtliche Gefühle, die dabei vielleicht entstehen, ... dürfen sie selbstverständlich nicht einwilligen.«

Wenn man bedenkt, dass der Weg zum Koitus einem evolutionären Skript folgt (Umarmung, Kuss, Zungenkuss, Petting), kann man erahnen, wie viele Hochzeitsnächte zum Fiasko gerieten, wenn buchstäblich von einem Tag zum anderen »eheliche Pflicht« wurde, was zuvor verboten und nicht zu erlernen war – und gemäß offizieller Kirchenlehre noch immer unstatthaft ist. Aus der empirischen Sexualforschung ist bekannt, dass viele junge Männer beim ersten Mal so aufgeregt waren, dass sich keine hinreichende Erektion einstellte oder die Ejakulation zu früh erfolgte, und es Frauen ähnlich unbefriedigend erging.

Mittlerweile gibt es kaum mehr Moraltheologen, die voreheliche Sexualität generell für unsittlich halten. Aber: Noch 1970 verlor an der Universität Fribourg der Moraltheologe Pfürtner seinen Lehrstuhl, weil er zum einen die Enzyklika »Humanae Vitae« kritisierte, die es den Katholiken untersagt, Empfängnis künstlich zu regeln, zum anderen, weil er voreheliche Geschlechtsbeziehungen dort für zulässig hielt, »wo die Partner aus ernsthafter Zuwendung zueinander einer Verdeutlichung ihrer Liebe zustreben«. Moraltheologen wie Franz Böckle, Hermann Ringeling und andere haben, was sie im eigenen Theologiestudium lernten – etwa in der »Katholischen Moraltheologie« von Mausbach: »Jeder ... Geschlechtsverkehr *vor* der Ehe ... ist *schwer sündhaft*« – revidiert, legen aber Wert darauf, dass voreheliche Sexualität in eine personale Liebesbeziehung eingebettet ist und einvernehmlich vollzogen wird. Genau dies steht auch in der Wertehierarchie heutiger Jugendlicher weit oben, die keineswegs so hedonistisch sind wie von Kulturpessimisten (aus konservativen Kirchenmilieus) immer wieder behauptet wird.

Anders hingegen aktuelle lehramtliche Texte. Wenn Sie in einer festen Beziehung leben, ohne kirchlich verheiratet zu sein, verstoßen Sie nicht nur »gegen die Würde der Ehe« und werden auf die gleiche Stufe gestellt wie bei »Ehebruch, Ehescheidung, Polygamie, Inzest«[63], sondern Sie verstoßen auch »gegen das moralische Gesetz«[64]. Und nicht nur dies: Der Weltkatechismus definiert »die körperliche Vereinigung zwischen einem Mann und einer Frau, die nicht miteinander verheiratet sind«, als »Unzucht« – ein Begriff, der im österreichischen Strafrecht[65] auf sexuelle Übergriffe auf

Kinder begrenzt ist. Der Weltkatechismus weiter: »Sie ist ein schwerer Verstoß gegen die Würde dieser Menschen ...«[66], womit diesen unterstellt wird, nicht würdevoll zu sein. Kirchenmänner, die vorehelichen Sex verurteilen, neigen dazu, jungen Menschen mit entsprechender Praxis Liebesfähigkeit abzusprechen. Auf einer Internetseite schrieb jüngst Pater Eugen Rissling: »Auf dem Hintergrund dieser Ausführungen lässt sich deutlich erkennen, dass jeglicher außer- und voreheliche Geschlechtsverkehr in gewissem Sinn einer Perversion der Liebe gleichkommt.«

Sex primär für Nachwuchs

Was ist schwerwiegender: Wenn ein Mann seine Ehefrau vergewaltigt? Oder wenn er, angeregt durch xxx-Seiten, sich Erleichterung verschafft? Gemäß einer noch in den Sechziger Jahren gelehrten moraltheologischen Unterscheidung letzteres! Sünden der Unkeuschheit wurden eingeteilt in solche »intra naturam« (innerhalb der Natur), bei denen der »Fortpflanzungszweck gewahrt« bleibt, so Ehebruch, Prostitution, oder »Schändung einer Person gegen ihren Willen«, sodann Keuschheitssünden »contra naturam« (gegen die Natur), die nicht zu einer Empfängnis führen können; »letztere sind ... schwerer als erstere«, so der viel gelesene Moraltheologe Mausbach.

Kirchliche Verlautbarungen bestimmen den primären Zweck der Sexualität in der Weitergabe des Lebens. »Jeder eheliche Akt (muss) von sich aus auf die Erzeugung menschlichen Lebens ausgerichtet bleiben«[67]. Männer und Frauen, wenn sie Empfängnisverhütung praktizieren, würden – so Johannes Paul II. in »Familiaris Consortio«[68] – »sich nicht ganz schenken!« Es komme »zur aktiven Zurückweisung der Offenheit für das Leben« und zu einer »Verfälschung der inneren Wahrheit ehelicher Liebe«. Frauen, die Pille nehmend, Männer, die sich ein Kondom überstreifen (lassen): nicht das Leben liebend, nicht in wahrer Liebe?

So sieht es das »Katholische Magazin für Kirche und Kultur«, das am 16. 4. 2009 einen Artikel über den Gebrauch von Kondomen im Falle von HIV-Infektion ins Internet stellte. Der Freiburger Moraltheologe Eberhard Schockenhoff legitimierte dies in einem Interview – im Vergleich zur Ansteckung – als das kleinere Übel. Dafür wurde er heftigst gescholten: »Kondom- und Krawattenpriester«. Joseph Spindelböck und Jens Falk bestreiten den Ehepaaren ein solches Recht. Denn mit einem Überzieher handle es sich »nur noch um eine Art der gegenseitigen sexuellen Stimulation. Ein Akt sexueller Stimulation, der nicht in menschlich würdiger Weise als Beginn zum eigentlichen Akt selbst hinführt« – menschenverachtend, aber als »katholisch« ausgegeben.

Diese verletzende, ja pathologische Sicht kommt nicht von ungefähr: Eine der gewichtigsten kirchlichen Verlautbarungen zu Ehe und Familie des 20. Jahrhunderts, die Enzyklika »Casti connubii« von Pius XI. (31. 12. 1930), lehnt künstliche Verhütung kategorisch ab[69]. Solche Ehepaare »handeln … wider die Natur und tun etwas Schändliches«, sie suchen »die volle Lust ohne Last«. Die Kirche, »mitten in diesem Sittenzerfall gestellt«, »verkündet von neuem: Jedweder Vollzug der Ehe, bei dessen Ausübung der Akt durch den Vorsatz der Menschen seiner natürlichen Kraft, Leben zu erzeugen, beraubt wird, bricht das Gesetz Gottes und der Natur, und diejenigen, die so etwas begehen, beflecken sich mit dem Makel einer schweren Schuld.« Biblisch verwiesen wird auf Onan, »Gott tötete ihn deswegen«[70].

Gemäß traditioneller Kirchenlehre ist das *primäre* Gut der Ehe, neben Treue und Sakramentalität, die Nachkommenschaft. Allerdings gäbe es »auch Rechte zweiter Ordnung, wie etwa gegenseitige Hilfe, Förderung der gegenseitigen Liebe (zweitrangig!, A. B.) und Befriedigung der Begierde«[71]. Letztere anzustreben sei »den Gatten keineswegs verboten«, sofern Empfängnis nicht ausgeschlossen wird. Beichtväter werden instruiert, die Gläubigen entsprechend zu ermahnen und »in keiner Weise Nachsicht zu üben«[72]. Wohin dies u. a. geführt hat, erlebte ich im Frühjahr 2010 in der Steiermark, nachdem ich dort in einem pädagogischen Vortrag dargelegt hatte, es sei Kindern zu gönnen, wenn sie ersehnt wurden. Eine sechsfache Mutter schilderte anschließend ihr quälendes Gewissen, weil die drei letzten Babys nicht gewollt waren. Man habe sich daran gehalten, was der Beichtvater zur Verhütung sagte, es aber doch geschafft, alle Kinder durchzubringen.

In den Sechziger Jahren trat die Pille ihren Siegeszug an. Die Konzilsväter erkannten dieses »Zeichen der Zeit«, berieten verantwortete Elternschaft und räumten ein, das Urteil über die Kinderzahl »müssen im Angesicht Gottes die Eheleute letztlich selbst fällen«, sich aber dabei vom Gewissen leiten lassen[73]. Urteil selber fällen, Gewissen – das assoziierte an mehr Autonomie – und erzeugte Verunsicherung. Paul VI. entschloss sich zu einer Enzyklika. Eine erste Fassung, unter Mitwirkung von Ehepaaren entstanden, favorisierte »bedingte Freigabe«. Bis der Papst mit der Befürchtung konfrontiert wurde, ob die päpstliche Autorität nicht Schaden leide, wenn er nicht die Position seines Vorgängers Pius XI. bekräftige, der 1930 Verhütung als »lasterhafte Freizügigkeit« verboten hatte, die unfruchtbaren Tage ausgenommen – in der Kircheninsidersprache »Vatikanisches

Roulett«. Ein System, dessen Lehramt beansprucht, unveränderliche Wahrheiten zu verkündigen[74], auferlegt sich Fesseln: Es kann sich kaum mehr reformieren. Wenn fortan zulässig werden sollte, wofür harte Strafen angedroht wurden: Kommen verstorbene Kondomverwender nun früher aus dem Fegefeuer? Solche unseligen Probleme lassen sich vermeiden, wenn bezüglich der ›Wahrheit‹ mehr Bescheidenheit praktiziert und das Gericht Gott überlassen wird.

Am 25.7.1968, mitten in der Studentenrevolte, veröffentlichte der Vatikan »Humanae Vitae«: »Die Kirche bleibt sich und ihrer Lehre treu«[75]. Unerlaubt jeder eheliche Akt, der Empfängnis ausschließt. In der Enzyklika stehen auch Sätze, die Schmunzeln hervorrufen können: »Wie die Erfahrung lehrt, geht tatsächlich nicht aus jedem ehelichen Verkehr neues Leben hervor«[76]. Charakteristischer für die (pessimistische) Menschen- und Weltsicht sind die befürchteten Folgen: Untreue, »Aufweichung der sittlichen Zucht«, Männer würden wahrscheinlicher ihre Frauen »zum bloßen Werkzeug ihrer Triebbefriedigung erniedrigen«[77] – warum imaginierten Zölibatäre solche Szenarien?

Katholiken und Katholikinnen in aller Welt waren bestürzt, viele entrüstet, es kam zu Protesten mit Transparenten: »Wir lassen uns nicht beugen, wollen nicht nur zeugen!« Um den Schaden zu begrenzen, reagierte die Deutsche Bischofskonferenz mit der Königsteiner-Erklärung, die österreichischen ›Hirten‹ mit der Maria Troster-Erklärung. Beide räumten eine bedingte Freigabe künstlicher Verhütung ein, »bedingt« im Sinne von »zunächst«. Die österreichischen Bischöfe unter der Auflage, dass Gläubige »der Kirche im übrigen Gehorsam entgegenbringen«. Auch habe der »Heilige Vater« diesbezüglich »nicht von schwerer Sünde (gesprochen)«. Er oder sie »darf dann auch ohne Beichte zur heiligen Kommunion hinzutreten«. 40 Jahre später wurde »Humanae Vitae« als »prophetisches Wort« gelobt. Die Öffentlichkeit reagierte kaum. Auch nicht auf Äußerungen von Benedikt XVI. an einem Kongress zu Ehe und Familie: »Nicht gegen die Pille, sondern für die Liebe«. Das ist aufbauend, konstruktiv gemeint. Aber: Schließen sich Pille und Liebe aus?

Die Lage von Paul VI., als er – gegen etliche Berater – Kontrazeption untersagte, wurde schon 1968 als »tragisch« gedeutet: Die von der 68er-Stimmung aufgeheizte Welt gegen den einsamen Hüter der ›Wahrheit‹ hinter den Mauern des Vatikans. Das Tragische an der Enzyklika war, dass sie die kirchliche Autorität sichern wollte, indem sie die »Kontinuität der Lehre« wahrte. Faktisch bewirkte »Humanae Vitae« in breiten Scharen das Gegenteil: Autoritäts- und Plausibilitätsverlust. Selbst Kernkatholiken lassen sich nicht mehr ins Schlafzimmer reden. Hatte der Theologe Anton Antweiler in seinem Buch zu dieser Enzyklika, wofür er keinen katholischen Verlag fand, nicht recht: »Wem also nützt die Enzyklika? Nicht dem Papste, denn sie untergräbt seine und seines Amtes Autorität; nicht der Kirche, denn sie bringt sie in den Verdacht, menschenfeindlich, und in den Verruf, herrschsüchtig zu sein«.

Tragisch war weiters: Gleichzeitig musste die römische Kurie zur Kenntnis nehmen, dass der Vatikan mit Aktien an der Pharmafirma Industria Farmaceutica Serono beteiligt war, die das Präparat Luteolas herstellte, welches von den römischen Apothekern verkauft wurde, »damit die Frau kein Kind bekommt«. 1970 wurde der Aktienbesitz bereinigt. Im März 2009 berichtete der »Spiegel«, dass die katholische Pax-Bank nicht nur in der Rüstungsindustrie investierte (BAE Systems), sondern auch im Pharmakon-

zern Wyeth, der Antibabypillen herstellt. Dieser »Fehler«
wurde gemäß Aufsichtsrat Dompropst Norbert Feldhoff,
Köln, korrigiert.

Schlagzeilen zur Pille rief der Vatikan auch im Januar
2009 hervor. Der Vorsitzende des Internationalen Verbands
der katholischen Medizinervereinigungen, Pedro José Mario
Simon Castellvi, behauptete in einem Artikel im »Osserva-
tore Romano«, die bei Männern zunehmende Unfruchtbar-
keit – zu wenig Spermien – sei auf die Pille zurückzuführen.
Durch die Ausscheidungen der Frauen gelangten Tonnen
von Hormonen in den Nahrungskreislauf: »Eine nicht zu
vernachlässigende Ursache der männlichen Sterilität« – so
der Chefarzt des Kantonsspitals in Stans, Dr. Rudolf Eh-
mann. Er ist Vorsitzender der Schweizer Sektion »Human
Life International«, eine weltweite Organisation, die gegen
Abtreibung und für »menschenwürdige Fortpflanzung« eintritt: Paare, künstlich verhütend, unwürdig! Nicht das erste
Mal schürte die Kirche mit Kontrazeptiva Angst. Zu ihrer
antisexuellen Propaganda gehörten Warnungen vor Präservativen: »Auch Krebs wird häufig durch den mechanischen
Reiz von Verhütungsmitteln verursacht. Aber auch der
Mann geht dabei nicht schadlos aus. Das ganze Blutgefäß-
system tut nicht mehr mit …«

Sexualethische Äußerungen des Vatikans werden – von
erzkatholischen Milieus abgesehen – selten handlungslei-
tend; für viele sind sie skurril, wie aus einer fernen Welt,
gelegentlich erheiternd. Doch dies ist nicht auf dem ganzen
Erdkreis der Fall. Wenn Menschen weniger Möglichkeiten
haben, sich zu bilden, sind sie abhängiger von Autoritäten,
auch der Kirche, so in Entwicklungsländern. Von daher
ist es gesundheitspolitisch brisant, wenn der Papst, wie im
März 2009, auf seiner Reise nach Kamerun verlautbarte,

man könne das Aids-Problem nicht durch die Verteilung von Kondomen regeln. »Ihre Benutzung verschlimmert vielmehr das Problem«. Unzählige Afrikaner, nicht infiziert, wenn ein Gummi verwendet worden wäre, können darin nur blanken Zynismus sehen. Der frühere französische Außenminister Alain Juppé, obschon konservativ, sagte gegenüber Radio France-Culture, der Papst werde »zu einem echten Problem«. Vor allem überschatten solche Äußerungen das vielfältige kirchliche Engagement, das Leiden an Aids auf dem schwarzen Kontinent zu lindern.

Warum dieses Insistieren darauf, dass sich Männer nicht Präservative überstreifen, deren Produzenten sich vonseiten der Kirche noch vor hundert Jahren die Qualifizierung »verbrecherisch« gefallen lassen mussten, was von den Herstellern von Kanonen, im Ersten Weltkrieg gesegnet, nicht gesagt wurde? Im Jahr 2008 hielt der Wiener Kardinal Schönborn vor gut 150 Bischöfen am See Genezareth eine Predigt. In dieser bedauerte er die Maria Troster-Erklärung seiner Vorgänger im Bischofsamt – bedingte Freigabe künstlicher Kontrazeptiva – und verunglimpfte sie als »Sünde«: Feigheit vor den Massenmedien. Dieser Vorwurf trifft auch Kardinal König, dessen Verdienste für die Kirche Österreichs – Versöhnung mit der Sozialdemokratie – bleibend sind. Was wäre Kirche ohne Sünde! In der Predigt äußerte der Kardinal vor allem demographische Befürchtungen: Auf hundert Eltern kämen in Deutschland 64 Kinder und 44 Enkel. Europa habe, so »ein Wort des Heiligen Geistes, das ich sagen muss … Schuld« auf sich geladen: »Die Hauptschuld: Das Nein zum Leben!« Wenn sich eine Frau nach drei Geburten die Pille verschreiben lässt, weil kein Kinderzimmer mehr da ist: »Nein zum Leben«? Wenn eine Studentin mit ihrem Freund intim werden will und die Pille nimmt, aber offen, nach dem Studium Kinder zu haben: »Nein zum Leben«? Wenn sich junge Männer verpflichten (lassen), zölibatär zu leben: »Ja zum Leben«?

Einer der tiefsten Gründe für diese Sexualdoktrin ist die Sorge um den elementaren Fortbestand der Kirche. Aktuell vermengt sich dies mit »Angst vor dem Islam«, so ein Aufsatz des Salzburger Weihbischofs Andreas Laun. Die Hauptursache der Islamisierung Europas: Kindermangel. Daran sei nicht nur die Ideologie schuld, die »eigentliche Erfüllung der Frau« bestehe im Beruf. »Wie schön für sie, im Supermarkt die Regale zu füllen statt stinkende und schreiende Kinder betreuen zu müssen!« Schuld seien auch Abtreibung und Empfängnisverhütung. Ein weiterer, nicht eingestandener möglicher Grund: Macht! Wer sich in seinen intimsten Lebensvollzügen von einer Institution begleitet (oder beobachtet) weiß, die diese reglementiert (oder verbietet), ist zutiefst an sie gebunden und gehorcht.

Abtreibung – Holocaust?

Der Autor, Vater von sechs Kindern, ist gegen Abtreibung, würde aber niemals über jemanden, der dies tut, den Stab brechen. Ohnehin unterziehen sich die meisten Frauen nicht aus hedonistischen Motiven einem Abort. Seit ihren Anfängen hat die Kirche Abtreibung untersagt, nachdem sie in der Antike alltäglich war – durch heftigen Sport, Baden in Gebräuen, scharfe Gegenstände. Aristoteles hielt Abtreibung für erforderlich, damit der Staat seine Bevölkerung konstant halten kann, schränkte sie aber auf die Zeit ein, bevor der Fötus zu Empfindungen fähig wird, der männliche 40 Tage nach der Konzeption, der weibliche, weil weniger vollkommen, nach achtzig Tagen. Diese Sukzessivbeseelung wurde auch in der Scholastik vertreten, daraus aber nicht das Recht abgeleitet, eine Zygote zuvor zu beseitigen.

»Die Geschichte der Kindheit ist ein Alptraum« – so der Psychohistoriker Lloyd de Mause. Er dachte an Kindsaussetzungen und die Tötung Neugeborener, bis ins 19. Jahrhundert weit verbreitet, was den großen Pädagogen Pestalozzi zu einer flammenden Anklage bewog: »Beug' dich nieder, Europa. ... Zu Tausenden werden meine Kinder von der Hand der Gebärenden erschlagen!« Pestalozzi machte dafür weniger die Mütter verantwortlich, sondern eine ›ehrbare‹ Gesellschaft, die uneheliche Kinder ins Abseits stieß, ledige Mütter diskriminierte. Dafür war die Kirche, Sexualität nur in der Ehe zulassend, ursächlich. Uneheliche: Nicht Kinder Gottes, sondern der Sünde.

Das Christentum trug enorm zur Besserstellung der Kinder bei. Jesus, der das Kind als Vorbild hinstellte[78] – eine pädagogische Sternstunde! Dies in einer Umwelt, in der Kinder kaum als Individuen galten, sondern von den Römern auch gezählt wurden: Quintus = das Fünfte. Von Anfang an setzte sich die Kirche für das Lebensrecht der Ungeborenen ein, indem deren Abtreibung Mord gleichgestellt wurde. Die Petrusapokalypse (Offenbarungen des Petrus), die mit ihrer Beschreibung der Hölle massiv in die Kirchengeschichte einwirkte, schilderte, was Abtreibende nach dem Tode erwarte: ewige Höllenstrafen.

Wie konsequent es die Kirche mit der Abtreibung nahm, zeigt sich an der Frage, wessen Leben Vorrang hat, wenn es zu Komplikationen kommt: Mutter oder ungeborenes Kind. Im Bestseller »Der Kardinal« von Henry Robinson (1963 erfolgreich verfilmt) wird erzählt, wie der junge Priester Stephen Fermoyle über das Schicksal seiner schwer kranken Schwester Mona entscheiden muss, die schwanger ist. Er entscheidet sich für das Kind, die Mutter stirbt unter Qualen, ihn martern Gewissensbisse. Aber seine Entscheidung entsprach der Enzyklika »Casti Connubii« (1930), in der zur medizinischen Indikation formuliert wurde: »Wie sehr es Uns der Mutter erbarmt, der aufgrund der Pflicht der Natur schwere Gefahren für die Gesundheit, ja sogar für das Leben selbst drohen«[79] – das »unschuldige« Leben sei vorrangig. Noch weniger gebilligt werden eugenische und soziale Indikation[80], obschon unzählige Kinder im Elend lebten und die Kindersterblichkeit enorm war.

Auch das Zweite Vatikanum lehnte Abtreibung ebenso unmissverständlich ab wie Kindstötung: »verabscheuungswürdige Verbrechen«[81]. Peter de Rosa argumentiert, die Konzilsväter hätten »weise« gehandelt, als sie Empfängnisregelung nicht auf die gleiche Stufe stellten. Doch Johannes Paul II. rückte diese Handlungen, die von Millionen Katholiken klar unterschieden werden – besser verhüten als abtreiben – eng zusammen. In »Evangelium Vitae« (1991) legte er zwar dar, es handle sich um »verschiedene Übel«. Aber: »Leider tritt der enge Zusammenhang, der mentalitätsmäßig zwischen der Praxis der Empfängnisverhütung und jener der Abtreibung besteht, immer mehr zutage«[82]. Hinter beiden stehe Hedonismus und die verteufelte »Kultur des Todes«. Das Gleiche: Schlucken der Pille → Kürettage → Tötung geborener Kinder!

Kirchenrechtlich verhält es sich so: »Wer eine Abtreibung vornimmt, zieht sich … die Tatstrafe der Exkommunikation zu«[83]. Sie trete durch das Begehen der Straftat »von selbst« ein[84]. Im März 2009 schloss der brasilianische Erzbischof Jose Cardoso Sobrinho die Mutter eines neunjährigen Mädchens von den Sakramenten aus, das vom Stiefvater vergewaltigt worden und mit Zwillingen schwanger war. Exkommuniziert wurden auch die Ärzte, die um das Leben des zierlichen Mädchens fürchteten und abtrieben. Hätten sie einen Drogenkurier oder Junta-General ermordet, wäre ihnen die härteste Kirchenstrafe erspart geblieben.

Auch wer gegen Abtreibung ist, kann sich folgenden Fakten nicht verschließen. Überall dort, wo der Gesetzgeber, gegen den Widerstand der Kirche, die Fristenlösung legalisierte (in Deutschland ab 1976), gingen die Todesfälle junger Frauen, die sich verzweifelt in die unhygienischen Hinterzimmer der »Engelmacherinnen« begaben, zurück. So erstmals 1920 in der Sowjetunion, nachdem zuvor um 50 Prozent der Abtreibenden am Abortusfieber erkrankten, viele tödlich. In Deutschland durchlitten um 1920 pro Jahr um die 75 000 Frauen das Abortusfieber, 20 000 starben, für den christlichen Pastor Legius damals zu wenig: »Es ist zu bedauern, dass immer noch viel zu viele dieser unnützen Weiber am Leben bleiben.«

Eine dunkle Seite der Abtreibung ist, wenn auf Frauen, die sich einer solchen unterzogen, biblische Hasstiraden gerichtet werden, ebenso auf Ärzte, die Aborte durchführen, und Politiker, die für deren Legalität eintreten. Abtreibung – der »neue Holocaust«! Auf entsprechenden Internetseiten werden Fotos von ausgemergelten KZ-Häftlingen und die Überreste von Embryonen gegenüber gestellt. Auch kirchliche Würdenträger bemühten solche Vergleiche. Im Februar 2009 distanzierte sich Bischof Mixa vom Holocaustleugner Williamson: »Es hat diesen Holocaust sicher in diesem Umfang mit sechs Millionen Getöteten gegeben. Wir haben diese Zahl durch Abtreibungen aber bereits überschritten.« Verständlich, dass der Zentralrat der Juden ungehalten war.

Frauen, die sich diesem Eingriff unterzogen – zumeist in Notlagen und mit teils schweren psychischen Folgen – wer-

den nicht nur des Mordes bezichtigt, sondern in den Dunst-
kreis von Massenmördern gerückt. Aus diesem Grunde
prüfte im Sommer 2009 die österreichische Frauenminis-
terin Gabriele Heinisch-Hosek rechtliche Schritte gegen die
polemische Gleichsetzung von Abtreibungen und Holocaust. Datierend vom 9.9.2009 erhielt sie einen »offenen
Brief« von Dr. Jacob Cornides, der auch von »gloria.tv – the
more catholic the better« veröffentlicht wurde. Er bedankte
sich bei der Ministerin für ihr »entschlossenes Vorgehen«,
führte dann aus, jedes Jahr fielen der Abtreibung »sieben
bis achtmal soviel Menschen zum Opfer als dem Holocaust
in drei Jahren«. Während sich die Holocaustopfer »theoretisch« hätten wehren können, sei dies für die Opfer von
Abtreibung unmöglich. Während Auschwitz, Treblinka etc.
von einem »totalitären und gewalttätigen Regime verübt«
wurden, stünden hinter den Abtreibungen demokratisch
gewählte Parlamente. Die Conclusio von Dr. Cornides:
»Durch den Vergleich mit dem Holocaust wird daher das
Unrecht der Abtreibung verharmlost«. Wie die Ministerin
reagierte, ließ sich nicht eruieren.

Die Gehässigkeit von Pro-Life-Sympathisanten ist schwer
erträglich. Als der Salzburger Erzbischof Alois Kothgasser,
konsequent gegen Abtreibung, aber stets sachlich argumen-
tierend, im Jahre 2004 die Salzburger Landeshauptfrau Gaby
Burgstaller, nachdem sie an den Landeskliniken die Durch-
führung von Aborts genehmigt hatte, und andere Verantwortliche zu einem Gespräch einlud, waren auch Vertreter
von »Jugend für das Leben« zugegen. Die Politikerin ist
gegen Abtreibung, aber der Meinung, eine solche sei, wenn
Frauen nach eingehender Beratung keinen anderen Weg
sehen, medizinisch einwandfrei durchzuführen. Während
sie argumentierte: Buhrufe! Kurze Zeit später versandte die

Organisation an 70 000 Haushalte eine Broschüre gegen Abtreibung, darin eine Karikatur, die die schwangere Maria auf dem Esel zeigt, Josef vor verschlossener Herberge, daneben die rot gekleidete Landeshauptfrau mit der Sprechblase, Zimmer habe man keine, aber eine Abtreibungsstation. Die Abtreibungsbefürworter, nicht minder militant, reagierten mit einem vor dem Landeskrankenhaus zur Schau gezeigten Transparent, das sie den Gegnern entgegenhielten: »Hätte Maria abgetrieben, wär't ihr uns erspart geblieben«.

Schlimmstenfalls führt solche Gehässigkeit zu Waffengewalt. Am 2. 4. 2010 berichtete die Süddeutsche Zeitung, dass der 52-Jährige Scott Roeder zu lebenslanger Haft verurteilt worden war, weil er in Kansas den Abtreibungsarzt Georg Tiller vor einer Kirche erschoss. Er bekannte sich nicht schuldig. Töten – für das Leben! Auch das ist dunkel.

»Schwer ordnungswidrig«: Masturbation

»Ein überirdisches Vergnügen! / In Nacht und Tau auf den Gebirgen liegen, / und Erd und Himmel wonniglich umfassen, / zu einer Gottheit sich aufschwellen lassen … / in stolzer Kraft ich weiß nicht was genießen, / bald wonniglich in alles überfließen.«

So Johann Wolfgang Goethe im Faust. Aus katholischer Sicht könnte man anmerken: Kein Zufall, dass gerade Mephistopheles diese Verse spricht. Denn wie vieles andere auch, was Menschen Lust bereitet, wird Masturbation, definiert als »absichtliche Erregung der Geschlechtsorgane, mit dem Ziel, geschlechtliche Lust hervorzurufen«[85], abgelehnt, mitunter regelrecht verteufelt. Positiver sahen dies andere religiöse Traditionen, so die ägyptische: Der Sonnengott

Re-Atum, der sich in seiner Einsamkeit stimulierte: »Ich stieß meinen Phallus in meine geschlossene Hand«, worauf aus seinem Ejakulat die Göttinnen Schu und Tefnut hervorgingen. In der Antike galt Masturbation als natürliches Bedürfnis.

Anders die Kirche. Biblisch begründete sie die Verwerflichkeit der Masturbation mit Gen 38, 6–10. Juda, ein Sohn des Jakob, hatte zwei Söhne: Er und Onan. »Er« heiratete Tamar, starb aber kurze Zeit später. Aufgrund des Instituts der Schwagerehe wäre Onan verpflichtet gewesen, Tamar zu schwängern, wobei deren Kind als Nachkomme des verstorbenen »Er« gegolten hätte. Aber: »So oft er (Onan) zur Frau seines Bruders ging, ließ er den Samen zur Erde fallen«[86], worauf Gott ihn niederstreckte. Biblisch ist bei Onan keine Rede davon, was nach ihm benannt wurde: »Onanie« als selbstgesuchte Lust. Verwerflich war, seinem Bruder keinen rechtmäßigen Sohn zu gönnen.

Die Verwerfung der Selbstbefriedigung begann in der frühen Kirche. Paulus erwähnt sie in seinen umfassenden Lasterkatalogen nicht[87]. Aber Augustinus schildert, wie er unter Erektionen litt und sich für diese schuldig fühlte. Lust, Folge der Erbsünde, beraube den Menschen der Selbstkontrolle und sei Sünde. Das Bußbuch des irischen Mönches Kolumban, geschrieben um 608 n.Chr., sah für Selbstbefleckung zwei Jahre Buße vor. In die lehramtlichen Texte aufgenommen wurden Auszüge aus einem Brief von Leo IX. (1054): Jene Gläubigen seien »von allen unbefleckten Stufen der Kirche zu vertreiben, die sich beflecken«[88].

Die Blütezeit der Anti-Onanieliteratur war das 18. und 19. Jahrhundert. Die Verfasser waren keineswegs nur Theologen, sondern auch Ärzte und Erzieher. Der Genfer Arzt Tissot (1728–1796) behauptete mit der Autorität des Mediziners, wiederholte Selbstschwächung bewirke Knochenmarkverlust, schwäche das Gedächtnis, führe zu Auszehrung und qualvollem Tod.

Zu Beginn des 20. Jahrhunderts schwächte sich die Inquisition der Onanie ab. Verdienstvoll war Wilhelm Stekel, ein Schüler von Freud. Er stellte die gängige Sichtweise der Onanie – als Auslöser körperlicher Erkrankungen und dunkler Melancholie – vom Kopf auf die Füße. Neurotische Beschwerden seien nicht die Folgen autoerotischer Betätigung, sondern verursacht durch Abstinenz. Onanie sei für viele Menschen »unersetzlich«, der beste Schutz, Perversionen nicht auszuleben. Bei moralistisch-kirchlicher Indoktrination sei sie besonders anfällig für Schuldgefühle: »Eine geheime Strafe des inneren Richters trifft den Menschen dort am schwersten, wo seiner die höchste Lust harrt: Bei der Onanie.«

Die katholische Kirche hielt an der Ächtung und Bekämpfung der Selbstbefleckung fest, so in den Schlafsälen der Internate: Hände auf die Decken. Der Benediktinerpater und Universitätsprofessor Jais empfahl bei jüngeren Kindern die Rute, wenn sie sich schamlos berühren. Wie unerbittlich das Onanieverbot gehandhabt wurde, zeigt eine Verlautbarung des Hl. Stuhls vom 2.8.1929, gemäß der »es auch verboten (ist), direkt Pollution hervorzurufen, um das Sperma zu erhalten und so eine bestimmte Krankheit feststellen zu können«.

Mit Masturbation befasste sich 1975 die »Erklärung der Glaubenskongregation zu einigen Fragen der Sexualethik ›Persona humana‹«. Das Schreiben nimmt zur Kenntnis, die »überlieferte Lehre« werde aufgrund von »Psychologie und Soziologe« in Zweifel gezogen. Masturbation gehöre zur sexuellen Entwicklung, »deshalb sei nicht … Schuld in ihr enthalten«[89]. Dem wird entgegengesetzt: »In Wirklichkeit halten sowohl das Lehramt der Kirche im Lauf seiner beständigen Überlieferung wie das sittliche Empfinden der Gläubigen ohne Zweifel unerschütterlich daran fest, dass die Masturbation eine innerlich und schwerwiegend ungeordnete Handlung ist«. Immerhin: Masturbation ist nicht mehr »Sünde«, sondern »ordnungswidrige Handlung« – bezeichnend das Adjektiv »ordnungswidrig«, wie es auch die Polizei verwendet, wenn jemand seinen Pkw im Anhalteverbot abstellt. Um gemäß dem Weltkatechismus zu einem »ausgewogenen Urteil« über diese »Verfehlung« zu gelangen, müsse man auch »affektive Unreife, die Macht eingefleischter Gewohnheiten, Angstzustände und weitere psychische oder gesellschaftliche Faktoren berücksichtigen, welche die moralische Schuld vermindern oder sogar aufheben.«[90]

Auch wenn Masturbation nicht mehr als schwere Sünde gilt – rehabilitiert ist sie, die gemäß dem *Evangelischen* Erwachsenenkatechismus ein ganz normales Durchgangsstadium ist, damit noch lange nicht. Bezeichnend ist eine im Jahre 2000 veröffentlichte »Anleitung zu einem Leben ohne Masturbation«, die der Salesianer John Harvey verfasste. Zwar sei es »keine schwere Sünde«, wenn eine Person nicht bei vollem Bewusstsein onaniert, »wenn sie erst halb wach ist oder schon halb schläft« oder davon einfach übermannt wird: »Es ist dies eine Folge der Erbsünde«. Stärker als das Sündhafte wird psychosexuelle Unreife akzentuiert. Masturbation zeige, »dass das eigene soziale, geistliche, emotionale und physische Leben noch nicht integriert sind«. Gewiss kommt dies vor, speziell bei zwanghaftem Masturbieren, gemäß neuerer Psychologie »Verhaltenssucht«. Betroffene schildern ihr oft verzweifeltes Reiben als wie von einer fremden Macht ausgelöst und empfinden wenig Lust. Masturbation generell als Indiz psychosexueller Unreife zu verunglimpfen, ist pauschalisierend und verletzt viele Mitmenschen.

Warum ist es für die katholische Kirche dermaßen gravierend, wenn sich ein Mann auf Geschäftsreise, weil er nicht schlafen kann, Lust bereitet? Oder wenn eine Frau einen Artikel aus dem Sortiment von Beate Uhse verwendet? Die traditionelle Begründung: Weil »wider die Natur«. Dies kann das Gegenargument provozieren, dass im Tierreich nicht nur Schimpansen masturbieren, deren genetischer Code mit dem unsrigen zu 98 Prozent identisch ist – oft mutuell, worauf sie friedlich werden –, sondern andere Geschöpfe Gottes auch: Hunde, Ziegen, Wellensittiche. Dies kann wiederum das Gegenargument evozieren, Masturbation sei animalisch, was der Philosoph Kant so sah: Der »wollüstige Selbstschänder« sinke »unter das Vieh«. »Wider die Natur« sei Masturbation deswegen, weil sie nicht zur Weitergabe des Lebens führt und nicht eingebettet ist in gegenseitige Hingabe, sondern »ein Gefängnis der Lust«.

Ein weiteres mögliches Motiv findet sich in einem Statement des Moraltheologen Michael Jones. Der Kampf gegen die Masturbation sei »die Schmiede, in welcher Jugendliche ihren Charakter formen«. Jene, die nicht lernen, ihrer »Selbst-Plünderung« Herr zu werden, richten ihren Hass auf jene Autorität, die dies von den Heranwachsenden – in deren eigenem Interesse – erwartet, speziell die Kirche. Masturbation, »die Wurzel des sexuellen Übels«, müsse früh unterbunden werden. Das eigentliche Motiv: Macht! Wer das Auge Gottes sieht, wenn er sich an Körperstellen berührt, die noch in den Sechziger Jahren als »unehrbar« galten, gehorcht auch in anderen Belangen.

Wie sehr das kirchliche Onanieverbot Menschen in ihrer existenziellsten Mitte traf, wird aus Fallbeispielen ersicht-

lich, die der Suizidprophylaktiker Klaus Thomas veröffentlichte. Ein 22-jähriger Student sagte zwanghaft vor sich her:
»Ich komme in die Hölle«. Sein streng religiöser Vater hatte
ihm, als er vierzehn war, gedroht, dass geisteskranke Kinder bekomme, wer sich selber beflecke. Von 100 Personen,
die wegen Onanieschwierigkeiten in seine Therapie kamen,
wurden 97 streng christlich erzogen. Bei ihnen wurden zwei
der tiefsten menschlichen Strebungen einander entgegengesetzt: Religiosität und Geschlechtstrieb. Dies löste einen
Teufelskreis aus. Der religiös motivierte Widerstand gegen
das Kribbeln steigerte die Versuchung. In der Therapie habe
sich die in Autogenes Training eingebettete Bagatellisie-
rung bewährt: »Onanie ist ganz gleichgültig« – keine Sünde,
keine »schwer ordnungswidrige Handlung«.

*Wenn Männer Männer lieben: »Verstoß gegen das natürliche
Gesetz«*
Wird die offizielle Sexualdoktrin der katholischen Kirche
erörtert, führt kein Weg an den Männern vorbei, die zärt-
liche Regungen zu ihresgleichen empfinden – auch im Kle-
rikerstand. An nichts zeigt sich prägnanter, wie sehr Sexualität kulturell normiert wird, als an gleichgeschlechtlichen
Beziehungen. Die griechische Kultur und Philosophie, die
ins Christentum einwirkten – ohne Knaben- und Män-
nerliebe nicht denkbar! Anders hingegen das Volk Israel:
»Und mit einem Mann sollst du nicht schlafen, wie man mit
einer Frau schläft. Das ist ein Greuel.«[91] »Sie müssen getötet
werden«[92].

Jesus verurteilte Homosexualität nicht explizit, aber unmissverständlich tat dies Paulus. Das Reich Gottes werde
nicht erben, wer mit anderen Männern schläft[93]. Solche

Männer brächten Schande über sich »und empfangen am eigenen Leib den Lohn für ihre Verirrung«[94]. Dieser Vers wurde in fundamentalistischen Kreisen gerne bemüht, als AIDS ausbrach und in der Gay-Szene (anfänglich) mehr Opfer forderte als in der Durchschnittsbevölkerung.

Nachdem im antiken Rom Homosexualität geduldet war, verschärften die spätrömischen Kaiser die gesetzlichen Bestimmungen. Kaiser Valentinian (um 390) ordnete, beeinflusst durch die Kirche, die Todesstrafe an. Die Synode von Elvira (im Jahr 304) untersagte es, Päderasten die Kommunion zu spenden, selbst wenn sie auf dem Totenbett darum baten. Knabenliebe und Homosexualität einander gleichzustellen, wurde in der Kirche Tradition. Schon Clemens von Alexandrien (150–215) schrieb, Unzucht mit Männern und Päderastie seien wider die Natur. Denn diese verbietet »solches durch den Bau der Glieder …, indem sie dem männlichen Geschlecht die Manneskraft verliehen hat, nicht dass es den Samen in sich aufnehme, sondern dass es ihn von sich ergieße«. In die lehramtlichen Texte der Kirche wurde 1665 aufgenommen: »Knabenliebe, Homosexualität und Unzucht mit Tieren sind Sünden derselben untersten Gattungsbestimmung«[95]. Ob Bestialität gleich schwerwiegend sei wie Homosexualität, diskutierten Moraltheologen kontrovers.

Massiv gegen Homosexualität wandte sich Johannes Chrysostomus (349–407): »Welche Höllenstrafen werden groß genug sein für solche Menschen?« Hundert Jahre später verurteilte Kaiser Justinian (482–565) homosexuelle Akte im »Corpus juris civilis« (533) entschieden. Dazu inspirierte ihn die Bibel: Sodom und Gomorrha und ihr schreckliches Strafgericht. Unter dem Eindruck einer Pestepidemie artikulierte er einen Topos, der oft wiederkehrte, abgeschwächt bis heute: »Wegen solcher Vergehen entstehen Hungersnot,

Erdbeben und Pest.« Oder Hurrikane, wie der vom Sommer 2005, der New Orleans verwüstete. Im Pfarrbrief von Windischgarsten fragte Pfarrer Gerhard Wagner: »Wussten Sie, dass 2 Tage danach die Homo-Verbände im französischen Viertel (von New Orleans, A. B.) eine Parade von 125 000 Homosexuellen geplant hatten?«[96]

Der Weg von Homosexuellen in der Kirche war und ist ein Leidensweg. Für »Gays« noch mehr als für Lesben, die – weil Frauen ohnehin marginalisiert waren – eher unbehelligt blieben. Christliche Gesetzgeber setzten auf gleichgeschlechtliche Kontakte die Todesstrafe. Schon das Konzil von Nablus (1120). Die Peinliche Halsgerichtsordnung (§ 116) von Karl V. (1532) drohte für Unzucht wider die Natur, oft als Sodomie bezeichnet, mit dem Feuertod. Vollstreckt wurden häufiger Verstümmelungs-, Geld- und Exilstrafen. Strafbar blieb Homosexualität bis weit ins 20. Jahrhundert. Im Mai 1994 wurde der lange umkämpfte § 175 (Strafbarkeit) gestrichen und am 1. 8. 2001 das Rechtsinstitut der (gleichgeschlechtlichen) Lebenspartnerschaft in Kraft gesetzt. Es entspricht weitgehend der Ehe, so bezüglich Kranken-, Pflege- und Rentenversicherung, nicht aber Adoption. Am 1. 1. 2007 zog die Schweiz nach: Anstatt »ledig« kann im Zivilstandsregister »in eingetragener Partnerschaft« angegeben werden. In Österreich ist seit dem 1. 1. 2010 das Bundesgesetz zur Eingetragenen Partnerschaft in Kraft, nachdem es von kirchlichen Verbänden massiv bekämpft wurde.

Die rechtliche Stellung homosexueller Männer und Frauen besserte sich gegen den entschiedenen Widerstand der Kirche. Diese redete den ihr angehörenden Politikern ins Gewissen, in den Parlamenten solche Gesetze nicht zu unterstützen. Dies sei – so die Kongregation für Glaubenslehre am 3. 6. 2003 – »eine schwerwiegend unsittliche Handlung«. Aber das Lehramt konnte sich der gesellschaftlichen Entwicklung nicht völlig verschließen. Insofern es seine Lehre, auch zu Homosexualität, als »beständig« ausweisen will, aber die Zeichen der Zeit nicht völlig übergehen kann, steht es in der Quadratur des Kreises. Charakteristisch sind die Ausführungen in der Erklärung »Persona Humana« (29.12.1975). Neuerdings hätten »einige« begonnen, beeinflusst durch Psychologie, »gegen die beständige Lehre des Lehramtes und das sittliche Empfinden des christlichen Volkes ..., homosexuelle Beziehungen ... mit Nachsicht zu beurteilen, ja sie sogar geradezu zu entschuldigen.«[97].

Was das sittliche Empfinden von Christen betrifft: Schon in den Siebziger Jahren billigten Katholiken mehrheitlich Homosexualität, sofern sie in der Öffentlichkeit nicht zu aufdringlich – mehr als Händchenhalten – gezeigt wird. Selbst im katholischen Brasilien: Von 1831 Priestern, im Auftrag der Bischofskonferenz befragt, sagten 62 Prozent, mit der Verurteilung der Homosexualität durch das Lehramt nicht einverstanden zu sein.

Wie löste Paul VI. das Dilemma? Er verzichtete auf den Begriff »Sünde«. »Handlungen der Homosexualität« seien »ihrer inneren Natur nach nicht in Ordnung«, weil sie kein neues Leben hervorbringen. In den Heiligen Schriften gelten sie »als verderbliche Folge der Verschmähung Gottes«. Dies rechtfertige nicht den Schluss, »dass alle, die an dieser Abnormität leiden, sich deshalb in persönlicher Schuld befinden.« Notabene: Zwei Jahre zuvor, im Jahr 1973, hatte die Vereinigung der Amerikanischen Psychiater beschlossen, Homosexualität aus dem *Handbuch psychischer Abnormalitäten* zu streichen.

Der Weltkatechismus von 1993[98] charakterisiert Homosexualität als »Veranlagung«, die Männer und Frauen »nicht selbst gewählt« haben. Diese sei für die Betroffenen eine »Prüfung«. »Ihnen ist mit Achtung, Mitleid und Takt zu begegnen«. Ein Homosexueller in meinem Bekanntenkreis fand *Mitleid* »ärger« als »Sünde«. Homosexuelle sind »zur Keuschheit gerufen«[99]. Sie könnten, »wenn sie Christen sind, die Schwierigkeiten, die ihnen aus ihrer Veranlagung erwachsen können, mit dem Kreuzesopfer des Herrn ... vereinen«[100]. Schuldig aber werden sie, wenn sie homosexuelle Aktivitäten ausüben, die in »keinem Fall zu billigen (sind)«[101]. Das heißt: Es ist zwar keine Sünde, Hunger zu haben, aber sündhaft, zu essen!

Die Bundesrepublik hat seit 2009 einen Vizekanzler, der sich zu seinem Freund bekennt – es funktioniert. Nichts dergleichen in der Kirche.

Zwar heißt es in der Enzyklika »Pacem in terris« (11.4.1963), dass der Mensch »jedweden Beruf ausüben könne« (Artikel 23 der Menschenrechte). Zwei Jahre zuvor ordnete der Heilige Stuhl an, Personen, die an den »üblen Tendenzen der Homosexualität oder Päderastie« leiden, seien als Priester nicht zuzulassen. In einer Orientierungshilfe für Personen mit homosexueller Neigung, die die Österreichische Bischofskonferenz 2002 veröffentlichte, heißt es zwar, »die katholische Kirche verurteilt jedes Unrecht, das homosexuell empfindenden Menschen zugefügt wird.« Im gleichen Schreiben:»Es darf auch nicht als Diskriminierung homosexuell geneigter Personen angesehen werden, wenn diese für bestimmte Aufgaben – z.B. im Bereich der Erziehung und Ausbildung – nicht herangezogen werden.« Warum das gerade hier nicht sein soll, wird nicht begründet. Auch nicht gefragt: wie das auf Menschen wirkt, die diese Veranlagung empfinden und einen starken pädagogischen Eros spüren – so kein geringerer als Sokrates. 2003 suspendierte Bischof Reinhard Marx, damals noch in Trier, eine lesbische Lehrerin, die begeisternd Religion unterrichtete, weil sie mit ihrer Partnerin zusammenzog. Hernach wechselten alle Schüler in Ethik, das Frau Hering ebenfalls unterrichtete. Anders die Evangelische Kirche: Beschäftigte, auch Pastoren, wenn sie eine standesamtliche Lebenspartnerschaft eingehen, werden nicht mit Disziplinarmaßnahmen oder Kündigung bedroht.

Wie zwiespältig Moraltheologie gegenüber der Homosexualität nach wie vor sein kann, zeigt ein Aufsatz des St. Pöltener Moraltheologen Josef Spindelböck, der just zur gleichen Zeit geschrieben wurde, als im dortigen Priesterseminar ausgelassene Feste stattfanden, bei denen angehende Priester von ihren Vorgesetzten unmissverständlich berührt wurden – für Diözesanbischof Kurt Krenn »Bubenstreiche«. Spindelböck räumt zwar ein, es habe »in Bezug auf die sittliche Wertung der Homosexualität *zeitbedingte Elemente* und leider auch echte *Diskriminierungen* ... (gegeben)«. Nach einem Zwischensatz fährt er fort: »Homosexuelles Verhalten ist Ausdruck des Abfalls von Gott und gegen die Schöpfungsordnung gerichtet«. Die Ächtung von Homosexualität ist so verinnerlicht, dass nicht einmal mehr bewusst wird, wie diskriminierend der Vorwurf ist, von Gott abgefallen zu sein.

Ein in fundamentalistischen Lagern, auch in der katholischen Kirche, oft bemühtes Argument besagt, die Akzeptanz von Homosexualität bewirke Dekadenz. Sally Kern, Baptistin und Mitglied des Repräsentantenhauses im Bundesstaat Oklahoma: »Studien zeigen, dass keine Gesellschaft, die Homosexualität vollständig zugelassen hat, mehr als ein paar Jahrzehnte überdauert hat.« – die griechische Kultur bestand Jahrhunderte! Auch die österreichische Bischofs-

konferenz, als sie sich 2008 zu einem Entwurf des Lebens-
partnerschaftsgesetzes äußerte: »Die Geschichte lehrt uns
mehrfach, dass Gesellschaften, welche diesen Schutz von
Ehe und Familie vernachlässigt haben, und zwar zugunsten
einer permissiven Haltung zu allen Möglichkeiten menschlichen Zusammenlebens, auch in sexueller Hinsicht, dies
mit ihrem Untergang bezahlen mussten.« Begründet wird
dies nicht.

Kontrovers diskutiert wird, ob Menschen von Homosexualität geheilt werden können. Schon die Frage unterstellt entsprechenden Männern und Frauen, psychisch
krank zu sein. Im Sommer 2008 befasste sich der Deutsche
Bundestag mit der Frage, ob Homosexualität einer Therapie
bedürfe. »Die Bundesregierung vertritt weder die Auffas-
sung, dass Homosexualität einer Therapie bedarf, noch dass
Homosexualität einer Therapie zugänglich ist.« Therapeutisch effizienter sei es, Menschen darin zu unterstützen, ihre
geschlechtliche Orientierung und sich selber anzunehmen.
Dennoch plädieren Fundamentalisten, evangelikale wie
katholische, dafür, homosexuelle Mitmenschen zu heilen.
Kath.net: »Heilung von Homosexualität ist sehr ähnlich wie
die Heilung von Alkohol, niedrigem Selbstwertgefühl …
Er beginnt dann, seine homosexuellen Phantasien als ein
Symptom, ein Signal, dafür zu nehmen, dass er wichtige
Bereiche seines Gefühlslebens vernachlässigt hat.« Homosexuelle – minderwertig und gefühlsarm! Homosexualität
heilbar? Auch der Vorarlberger Bischof Fischer meinte, im
Winter 2009: »Ja«. In einem Internetchatroom evozierte er
die nicht gerade höflich beantwortete Gegenfrage: »Katholizismus heilbar? Ich glaube nicht, leider …!«

In sechs Ländern der Erde werden Homosexuelle mit
dem Tode bedroht. Die Bilder von zwei iranischen Teen-

agern, denen Scharfrichter am 19.7.2005 die Schlingen um den Hals legten, klagen aus dem Internet an. Sie hätten nicht gewusst, dass solche Kontakte, unter Jugendlichen üblich, mit dem Tod bestraft werden. Von daher hat es politische Implikationen, wie sich das Oberhaupt von 1,2 Milliarden Katholiken zu Homosexualität äußert. Wenn er – wie 2008 vor der römischen Kurie – Sexualität außerhalb der »natürlichen« bzw. kirchlichen Normen als »Zerstörung des Menschen« bezeichnet und mit der Abholzung des Regenwaldes in Beziehung setzt, kann dies als Wasser auf die Mühlen jener missbraucht werden, die Homosexualität noch stärker diskreditieren als die Kirche.

Dürfen wir küssen?

Zu welchen Unsicherheiten und Skrupeln katholische Sexualdoktrin nach wie vor führt, lässt sich an der Ratgeberseite von »Initiative Hauskirche« ersehen[102], die sich als »katholisch« versteht. Noch und noch begegnen in den Anfragen zu Familien- und Sexualproblemen »Sünde«, »müssen«:

> »In der Hochzeitsnacht waren wir so aufgeregt, dass wir beide ohne richtige Vereinigung einen sexuellen Höhepunkt hatten. Ist das eine Sünde? Müssen wir das beichten?«
> »Welche Zärtlichkeiten sind vor der Ehe erlaubt? Ist alles erlaubt, das nicht den Orgasmus direkt als Ziel hat? Und ist es eine (schwere) Sünde, wenn mir durch die Zärtlichkeiten ein Samenerguss passiert?«
> »Ich bin 20 Jahre alt und habe jetzt seit 1,5 Jahren einen Freund … wir versuchen die Reinheit zu leben … ein

Kuss ist sündhaft, daher leben wir beide in Sünde!!
Aber wir haben es lange Zeit versucht, ohne uns Küsse
zu schenken, aber auf Dauer war dies für uns nicht
möglich, da eine riesige innere Spannung entstand!!!«

So fragen Kinder! Was ging solchen Fragen an Erziehung, ja
Indoktrination voraus? Wie viel Lebensfreude ist den Chat-
tern entgangen, wenn sie sich mit solchen Skrupeln ausein-
ander setzen mussten? Apropos, die Antworten: Bezüglich
der ersten Frage handle es sich nicht um Sünde, weil in der
Hochzeitsnacht geschehen und »nicht bewusst gewollt«. Bei
der zweiten: »Wenn das nicht beabsichtigt ist, dann wird das
keine schwere Sünde sein. Ich würde aber beichten gehen
und diese Situation, bei der das aufgetreten ist, in Zukunft
meiden.« Die dritte Fragestellerin wird gelobt: »Toll, wie ihr
das macht!!!« Und: »Es gibt genug Zärtlichkeiten und auch
Küsse, die nicht Sünde sind... Eines aber ist klar: Die sexuelle Liebe ist der Ehe vorbehalten.«

Wiederholt wurde angefragt, ob als Vorspiel orale Zärt-
lichkeiten zulässig sind. »Die katholische Kirche stellt keinen ›Verhaltenskatalog‹ für das ›Vorspiel‹ auf ... sie besteht
nur auf dem natürlichen Vollzug des Aktes – kein Koitus
Interruptus, kein Kondom«. Bedenkliche Antworten wurden
Jasmine gegeben, seit zwei Monaten mit einem Freund zu-
sammen, der unter Erektionsschwierigkeiten leidet: »Liebe
Jasmine. Dies ist eine religiöse Homepage der katholischen
Kirche. Ich kenne natürlich nicht Ihre religiöse Einstellung.
Aber ich darf Sie daran erinnern, dass die katholische Kir-
che voreheliche oder außereheliche Beziehungen als sünd-
haft bezeichnet, weil sie nicht Gottes Ordnung entsprechen.
Mag sein, dass darin schon eine Ursache der auftretenden
Probleme liegt.«

Gewiss, es ist keine offizielle Beratungsseite der Kirche, auch wenn die Homepage auf den St. Pöltner Bischof Klaus Küng verweist, der für diese Initiative Vorträge hält. Viele kirchlich Engagierte leisten aufgeschlossene Beratung in Lebensfragen, etwa Ehevorbereitung, die nicht Gefühle der Sünde und Skrupel hinterlässt, sondern ermutigende Lebenshilfe ist. Gleichwohl: Wie kam es, dass »Initiative Hauskirche« im Namen der katholischen Kirche auch angedeutet hat, Erektionsschwierigkeiten seien Strafe für Sünde?

In einem mutigen Artikel in der österreichischen Tageszeitung »Die Presse« (12. 3. 2010) schrieb der Journalist Cornelius Hell:

»Die katholische Kirche als Ganzes müsste sich ändern; sie müsste öffentlich eingestehen, dass so ziemlich alles, was sie in den vergangenen Jahrhunderten zum Thema Sexualität von sich gegeben hat, obsolet ist. Es halten sich ohnedies selbst die innersten Kernschichten schon lange nicht mehr daran: Ein Großteil der nicht homoerotisch veranlagten Priester hat eine Partnerin, und selbst Theologen und kirchliche Angestellte kümmern sich kaum um das Verbot vorehelicher Sexualität, von der absurden Verurteilung einer ›künstlichen‹ Empfängnisverhütung ganz zu schweigen. Ich habe noch immer viele Freundinnen und Freunde im katholischen Milieu, kenne aber niemanden, der die Idiotien der Päpste gutheißt, wenn sie in Afrika (und selbst den Aidskranken) Kondome verbieten wollen. Doch wenn sie beruflich für die Kirche arbeiten, dürfen sie das nicht sagen.«

Neuere kirchliche Dokumente distanzieren sich von der Abwertung der Geschlechtlichkeit. Aber die tiefer sitzende

Einstellung gegenüber Sexualität wird daran ersichtlich, was Katholiken auferlegt wird, wenn sie geschieden sind und mit einem neuen Partner zusammenleben. Von der Kommunion sind sie ausgeschlossen[103]. Gewährt werden kann jedoch die Vergebung im Bußsakrament, wenn sie »sich verpflichten, völlig enthaltsam zu leben«, die in der Kirche hoch angesehene *Josefsehe*. Im Mai 2010 verteidigte der St. Pöltner Bischof Küng diese Pastoral: Wiederverheiratete Geschiedene können die Kommunion empfangen, wenn sie ihre sexuelle Gemeinschaft nicht fortführen und wie Bruder und Schwester leben – das sei »kein Mangel an Barmherzigkeit«.

Der Kult ums Hymen: Jungfräulichkeit

Was hätte der historische Jesus erwidert, wenn ihm gesagt worden wäre, er sei von einer Frau geboren, die nicht nur vor seiner Empfängnis und Geburt, sondern auch während dieser und danach jungfräulich geblieben sei? Wir wissen es nicht! Vielleicht hätte er dies als Affront auf die Ehe seiner Eltern empfunden, weil im Judentum zu dieser die sexuelle Vereinigung konstitutiv gehörte. Vielleicht hätte er auf jene verwiesen, die in der Bibel als seine Brüder (und nicht seine Neffen) bezeugt werden[104]: Jakobus, den auch Paulus erwähnt[105], Joses, Judas und Simon, und seine Schwestern. Bibelwissenschaftler gehen davon aus, dass es sich um *leibliche* Geschwister Jesu handelt, und nicht solche, die Josef aus einer früheren Ehe mitgebracht hatte. Davon war der Verfasser des Protoevangelium des Jakobus überzeugt. In diesem sagte Josef, kurz bevor er sich verloben sollte: »Ich habe Söhne und bin alt. Sie aber ist jung. Vielleicht werde ich zum Gelächter für die Söhne Israels.« Josef als alter Witwer: in der Marienfrömmigkeit ein Argument, dass Maria jungfräulich geblieben sei.

Schon die frühe Kirche hielt Maria für jungfräulich. Gemäß Lukas[106] sandte Gott den Erzengel Gabriel zu einer »Jungfrau«. Ebenfalls Lukas[107] überliefert das Magnifikat, in dem Maria spricht: »Siehe, von nun an werden mich selig preisen alle Geschlechter.« Prophetische Worte! Keine Frauengestalt prägte das christliche Abendland so stark wie sie, in der bildenden Kunst (die Madonna von Raffael), der Musik (unsterblich: Ave Maria von Gounod), an so vielen Marienwallfahrtsorten: Einsiedeln, Altötting etc. Auch in der lehramtlichen Theologie: In den letzten anderthalb Jahrhunderten erhob die Kirche dreierlei in den Rang eines Dogmas, einer von Gott offenbarten und von allen zu glaubenden Wahrheit, die unabänderlich sei[108]. Eines davon, am 18. 7. 1870 am Ersten Vatikanum angenommen, bezieht sich auf »jene Unfehlbarkeit (des römischen Bischofs), mit der der göttliche Erlöser seine Kirche bei der Definition der Glaubens- oder Sittenlehre ausgestattet sehen wollte«[109] – ein Dogma der Macht! Und zwei auf die Jungfrau Maria: 1854 jenes von ihrer »unbefleckten Empfängnis«, 1950 jenes von ihrer leiblichen Aufnahme in den Himmel.

Was hätte die Kirche in den letzten zwei Jahrhunderten auch zum Dogma erheben können? Die Menschenrechte? Das Zweite Vatikanum äußert sich diesen gegenüber positiv[110], was aber (noch) nicht dazu führte, dass der Vatikan die Menschenrechtskonvention ratifiziert hätte – neben Weißrussland der einzige europäische Staat. Sofern für verbindliche Glaubenslehre gilt, dass an dieser »niemals etwas verändert, nichts weggenommen, nichts dazufügt« wird[111], dürfte es schwierig werden, den Menschenrechten einen solchen Rang zuzugestehen. Gregor XVI. lehnte sie, speziell Gewissensfreiheit, 1832 als »pesthafter Irrtum« ab. Kein Menschenrechtsdogma, aber zwei über Maria! Jungfräulichkeit wichtiger als die Menschenrechte?

Was wissen wir von der Frau, von der Theologen sagten, sie sei der Wendepunkt der Geschichte, und Christus sei nicht ihr Sohn geworden, um in die Welt zu kommen, sondern herabgekommen, um ihr Sohn zu sein? Wenig!

Von ihrer Kindheit berichtet legendarisch das Protoevangelium des Jakobus. Ihre frommen Eltern Joachim und Anna waren lange kinderlos. Nachdem endlich eine Tochter geboren war, anvertrauten sie diese, drei Jahre alt, dem Tempel, wo Engel sie verköstigten. Mit zwölf wurde sie mit dem Baumeister Josef verlobt, einem Witwer. Als er bemerkte, dass sie schwanger war, geriet er in Zorn, weil ein anderer sie hinter seinem Rücken »befleckt« habe. Um ihr und sich die Schande zu ersparen, wollte er sie heimlich fortschicken, bis ihm im Traum ein Engel erschien, ihn aufklärte und er bei ihr blieb. Die von ihm ernährte Familie gilt als heilig. Aber die Evangelien präsentieren kein so idyllisches Bild und symbiotisches Verhältnis. Auf der Hochzeit von Kana, als Maria auf die Peinlichkeit hinwies, dem Gastgeber gehe der Wein aus, scherte Jesus sie an: »Weib, was habe ich mit Dir zu tun«. Markus erzählt, wie die Familie Jesu heimholen wollte, weil er »von Sinnen« sei[112]. Ein anderes Mal wurde Jesus gesagt, seine Mutter und Geschwister würden ihn suchen: »Wer ist meine Mutter und wer sind meine Brüder?« Alle, die den Willen Gottes erfüllen[113]. Ein durchgedrehter Aussteiger, für die Familie beschämend! Das Ende skandalös: »Ein ans Kreuz Gehängter ist von Gott verflucht«[114]! Wie jede Mutter weinte sie um ihren toten Sohn.

Die Glorifizierung Mariens begann früh, auch wenn Paulus ihre Jungfräulichkeit nicht erwähnt. Schon die ersten

Glaubensbekenntnisse bezeugen diese, so Ignatius von Antiochia zu Beginn des 2. Jahrhunderts. Zölibatäre Kirchenväter begannen ihre Loblieder, so der Syrer Jakob von Batnä (451–521): »Selig ist sie, weil sie über die eheliche Gemeinschaft erhaben ist …Selig ist sie, weil ihr Leib niemals durch Lust entweiht … wurde.« Zuvor schon hatte die Synode von Ephesos (431) zur Kirchenlehre erhoben, Maria sei nicht »Christusgebärerin«, sondern »Gottesgebärerin«[115]. Sie brauchte den Samen Josefs nicht[116] und habe bei der Empfängnis »keine Begehrlichkeit« empfunden[117], Geburtswehen seien ihr erspart geblieben[118]. Der Jesuit Suarez legte dar, dass keine Nachgeburt austrat. Das Protoevangelium des Jakobus erzählt, die Hebamme Salome habe, nachdem Maria entbunden hatte, prüfen wollen, ob das Hymen unverletzt war – es war! Der Hebamme verdorrte zur Strafe die Hand. Nachdem sie Jesus als jungfräulich geboren verehrt hatte, wurde sie geheilt.

Die Kirche hielt an der Jungfräulichkeit Mariens fest, vor, während und nach der Geburt[119]. Im Weltkatechismus wird diese als »Zeichen« ihres Glaubens aufgefasst[120], aber auch als biologisches Faktum: »ohne Samen aus Heiligem Geist empfangen«[121]. Theologen, die die Jungfräulichkeit theologisch oder mythologisch deuten – auch Alexander der Große, Buddha wurden von einer Jungfrau geboren – geraten schnell in die Schusslinie des Lehramtes. 1987 entzog Bischof Franz Hengsbach der Theologin Uta Ranke-Heinemann die Lehrbefugnis, nachdem sie im WDR gesagt hatte, Virginität sei nicht biologisch zu verstehen. Dafür berief sie sich auf Josef Ratzinger: »Die Lehre vom Gottsein Jesu würde nicht angetastet, wenn Jesus aus einer normalen menschlichen Ehe hervorgegangen wäre. Denn die Gottessohnschaft … ist kein biologisches, sondern ein ontologisches Faktum.« – Sätze, die der jetzige Papst revidierte.

Warum war und ist es der Kirche dermaßen wichtig, dass Maria ihre Sexualität nicht lebte? Gottgewirkte Empfängnis und jungfräuliche Geburt machten die wahre Gottessohnschaft Jesu evident. Dass Jesus ohne Erbsünde sei, erfordere eine nichtsexuelle Zeugung, weil – wie hinreichend dargelegt – die kirchliche Einstellung gegenüber Sexualität unnatürlich, gestört ist. Für Hans Urs von Balthasar hätte die sexuelle Zeugung die »radikale Verfügbarkeit« Marias geschmälert. »Verfügbar?« So wurde sie noch und noch gezeichnet und als Vorbild für brave Katholikinnen hingestellt. »Sie lässt sich gebrauchen und verbrauchen!«, so Josef Ratzinger.

Wichtig war vielen Theologen nicht nur, dass Mariens Hymen intakt blieb, sondern es auch bei ihrer eigenen Empfängnis im Schoße der Anna ›würdig‹ zuging. Bei dieser stehe die »Mitwirkung von Joachim … außer Frage«. Schon im zehnten Jahrhundert begannen einzelne Ortskirchen einen Tag der Empfängnis der Allerheiligsten Gottesmutter zu feiern. Dies war nicht unumstritten. Bernhard von Clairvaux, ein inniger Marienvater, fand es »unpassend, dass man die Empfängnis feiern wolle, welche kein würdiger Gegenstand einer Festesfeier sein könne«. Aber die Marienfrömmigkeit setzte sich durch und pries sie als »Hochgebenedeidte Mutter und Jungfrau, du schuldlos allein, woll' eine Mutter uns Sündern auch sein.« Auch in der Theologie: 1497 beschloss die Universität Paris, niemanden zum Doktorat zuzulassen, der gegen die unbefleckte Empfängnis auftrat. Am 8.12.1854 kam der denkwürdige Tag: Pius IX., ein Kirchenfürst, cholerisch, gerne als »Vizegott« angeredet, verkündigte als Dogma: »Die seligste Jungfrau Maria wurde im ersten Augenblick ihrer Empfängnis durch ein einzigartiges Gnadengeschenk und Vorrecht des allmächtigen Gottes im Hinblick auf die Verdienste Jesu Christi, des Erlösers des Menschengeschlechts, rein von jedem Makel der Erbschuld bewahrt«. Der ganze Erdkreis habe frohlockt, »bis in die Kerker des fernsten Asiens ... selbst der Himmel jauchzt ... nur die Häresie knirscht vor verbissener Wuth, den Triumph der Jungfrau nicht hindern zu können.«

Warum war (und ist) dies dermaßen wichtig, während in der Mitte des 19. Jahrhunderts andere Probleme anstanden: Industrialisierung, das Elend der Proletarier, Sklaverei? Zum einen zeigt sich, wie zentral die Erbschuld im Christentum ist: Maria, neben Jesus der einzige Mensch, der davon ausgenommen. Zum anderen waren es zölibatäre Männer, denen an diesem Dogma gelegen war. Projizierten sie Sehnsüchte nach Reinheit auf jene Gestalt, von der Epiphanius (325 n.Chr.) behauptet hatte, »sie pflegte ihre Augen zu verschließen, wenn sie ein Gewand anzog«, um die Nacktheit ihres Körpers nicht zu sehen? Sexualpathologen mögen das ihre denken.

An Allerheiligen 1950 proklamierte die Kirche ein weiteres Dogma: Dass »Maria nach Vollendung des irdischen Lebenslaufes mit Leib und Seele in die himmlische Herrlichkeit aufgenommen wurde«. Wer das leugne oder auch nur in Zweifel ziehe, sei »vom göttlichen und katholischen Glauben völlig abgefallen«. Im Himmel herrsche sie mit ihrem Sohn und lege bei Gott Fürsprache ein. Diesem Dogma ging eine lange Tradition der Volksfrömmigkeit voraus, die Maria oben lokalisierte, als himmlische Mutter. Psychologisch ist dies verständlich: Menschen, wenn in Kindschaft gehalten (gerade von Mutter Kirche), brauchen eine Mutter. Wenn sie einen strengen Vatergott fürchten, erst recht.

Dann sich an die Himmelsmutter wenden und diese bitten, beim Papa Fürsprache einzulegen. Bezeichnend ist auch die Vorstellung aus der Volksfrömmigkeit, Christus habe im Himmel seine Mutter gebraucht – nachdem er auf Erden alles andere als ein »Muttersöhnchen« war.

Maria ist die Heilige schlechthin. Ihr gebührt zwar nicht »Anbetung« (diese ist Gott vorbehalten), sondern Hyperdulie, höchste Verehrung. Geleistet wird diese an den vielen Wallfahrtsorten, wo sie in weißen oder hellblauen Gewändern zu sehen ist, knöchellang, ohne Andeutung eines Busens. »Von diesem Madonnenbild ging ein Anspruch aus, ein Menschsein ohne geschlechtliche Erfahrung. Das Mädchen sollte bis ins Alter Jungfrau, der junge Mann bis zum Tode Jüngling bleiben.« – so der Psychotherapeut Fritz Leist, der zölibatäre Priester behandelte. Erwachsene spricht sie als »liebe Kinder« an, vielfach maßregelnd, Schuld induzierend, eine strenge Mama: »Liebe Kinder, während ich euch anschaue, schnürt mir der Schmerz mein Herz zu. … ihr lebt nach der Sünde. Kniet zu Füßen des Kreuzes nieder und schaut auf meinen Sohn … Er ist gestorben, damit ihr, meine Kinder, lebt.« In Medjugorje knien Gläubige, so belehrt, zu tausenden in den Beichtstühlen.

Je keuscher, desto seliger und heiliger
Maria ist die oberste der 6650 Seligen und Heiligen[122]. Zwischen 1000 und 1987 sprachen Päpste ›nur‹ 303 Personen heilig. Unter Johannes Paul II. explodierte die Anzahl der Mittler zwischen den Menschen und Gott: Er sprach 483 Männer und Frauen heilig, 1268 selig, eine Vorstufe der Heiligkeit, wofür früher Bischöfe zuständig waren, mittlerweile nur der Papst.

Heilige gelten als Vorbilder. Und es sind politische und pädagogische Entscheidungen, wer kanonisiert wird – und wer nicht. Erzbischof Oscar Romero, 1980 am Altar von einem gedungenen Mörder der mit der USA verbändelten Militärjunta in El Salvador erschossen, ist noch nicht einmal selig gesprochen; er stand der Befreiungstheologie nahe.

Was empfiehlt sich, um zur Ehre der Altäre erhoben zu werden? Nicht heiraten! Von den 303 Heiligen bis 1987 waren nur 56 männliche und 20 weibliche Laien, die übrigen Priester oder Ordensleute. In der Tat: Wer heilig werden will, sollte ins Kloster gehen, oder in die Einsiedelei, wie der Schweizer Nationalheilige Nikolaus von Flüe, der in einer Midlife Krise Frau und Kinder verließ. Obschon die Ehe als Sakrament gilt, gibt es kein heilig gesprochenes Ehepaar, das ein regelmäßiges Sexleben führte. Barnard von Romans wurde heilig gesprochen, weil er nach siebenjähriger Ehe ins Kloster ging. Als erstes Ehepaar gemeinsam zur Seligsprechung vorgeschlagen wurden Louis und Azélie Martin, die Eltern der heiligen Thérèse von Lisieux (1873–1897), eine kindlich-mystische Karmeliterin. Allerdings musste ein Beichtvater den Ehemann, der anfänglich wie mit einer Schwester leben wollte, davon überzeugen, den ehelichen Pflichten nachzukommen. Im Sommer 2008 erfolgte die Seligsprechung. Aber, fragt Kenneth Woodward in seinem Buch »Die Helfer Gottes« mit Recht: Sind diese Eheleute, die ihr Familienleben wie ein Kloster gestalteten und am liebsten ohne Sex geblieben wären, »wirklich Menschen, die heutigen Katholiken als Vorbilder für Heiligkeit in der Ehe dienen können?« Gemäß der Kirche offensichtlich ja.

Wenn Katholiken selig oder heilig gesprochen werden, vor allem, weil sie entsagten. Die Märtyrer, die ohne Wunderbeweis kanonisiert werden können, ihrem Leben (wozu man auch Romero rechnen könnte). Andere des irdischen Besitzes, aber insbesondere ihrer Sexualität. Eine der prominentesten Heiligen, die der katholischen Jugend inständig als Vorbild nahegelegt wurde, ist Maria Goretti (1890–1902). Ein Nachbarjunge stellte ihr nach, sie wies ihn ab, bis er sie zu vergewaltigen versuchte und auf sie einstach. Sterbend verzieh ihm das Kind – eine heroische Tat! 1947 sprach sie Pius XII. selig und benutzte dies zu einem Frontalangriff auf Filmindustrie, Mode (kurze Röcke), Schundliteratur. 1949 wurde sie heilig gesprochen, um auch unzählige andere zu ehren, »die in ähnlichen Umständen den Tod der Sünde vorzogen« – Sünde, Opfer sexueller Gewalt zu werden?!

6650 Selige und Heilige, darunter kein Ehepaar, dem Sexualität die meiste Zeit des Lebens Spaß bereitet hätte – das besagt eigentlich alles über die faktische Einstellung der Kirche.

Folgen der Sexualfeindlichkeit

Wie wirkt folgender Text, von einer Frau zu einem Mann gesprochen? »Heute will ich dich ... an der Hand führen. Ich will dich immer tiefer in das Innerste ... hineinführen«. Schwingt nicht Erotik mit? Der vollständige Text lautet: »Heute will ich dich als Mutter an der Hand führen. Ich will dich immer tiefer in das Innerste meines Unbefleckten Herzens hineinführen.« – so aus den mehr als 1300 Seiten starken Botschaften, die die Jungfrau Maria an Don Stefano Gobbi geschickt habe. Dieser rief 1973 die Marianische Priesterbruderschaft ins Leben, die das Wohlwollen von Johannes Paul II. genoss. Noch und noch begegnet in diesen Texten, mehr als zehnmal aufgelegt, die Anrede »Kinder«, die Aufforderung zu »innerem Kleinsein, um die Demut und Schwachheit meines Kindes Jesus anzulegen«. Aber auch sexuell aufgeladene Sprache: »Brennendes Verlangen«, »Liebesvereinigung mit Jesus«.

Wenn Sexualität, eine der stärksten Lebenskräfte, aus der Frömmigkeit verdrängt wird, als unrein bekämpft, wird letztere sexuell aufgeladen. Darum wusste der junge Schiller:

»Fromme Wut begünstigt heiße Triebe,
gibt dem Blute freien Schwung und Lauf.
Ach, zu oft nur drückt der Gottesliebe
Aphrodite ihren Stempel auf«.

Prototypisch ist die Brautmystik, wie sie von Nonnen sinnlichst erlebt wurde. Bei den Benediktinerinnen wurde diese begünstigt, indem sie sich bei der Aufnahme in den Konvent in ein Brautbett mit einem Kruzifix als Bräutigam auf dem Kopfkissen legten. Bekannt ist die Dominikanerin Margaretha Ebner (1291–1352) in Maria Meidingen. Wenn sie sich das Kruzifix auf ihre Brust legte, sei sie von »süßesten Stößen« erschüttert worden und wollte »an den fünf Liebeszeichen des lieben Jesus Christus saugen«. Mechthild von Magdeburg (1207–1282) schrieb in »O Du fließender Gott in Deiner Minne! ... O Du ruhender Gott an meinen Brüsten!« Die Theologen Ruhbach und Sudbrack sind der Meinung, die »Kraft dieser Mystik« führe alle Versuche einer psychoanalytischen Deutung (verdrängte Sexualität) »ad absurdum«. Der reiche Bilderschatz ihrer Phantasie bezeuge »die Ganzheitlichkeit der Gotteserfahrung dieser großen Frau«. Dies lässt sich auch so auslegen, dass der Erotik religiöse Tiefe zukommt. Mechthild weiter: »Denn zwanzig Jahre hatte ich nie Ruhe vor meinem Fleische und wurde müde, krank …« – Indizien für Verdrängung. Wie wäre ihr Leben verlaufen, wenn sie in einer Tradition aufgewachsen wäre, die sexuelle Regungen nicht als unrein verdrängt, sondern als Weg zu Gott würdigt?

Das Minnestreben von Nonnen richtete sich auch auf die Vorhaut Christi, um deren Besitz sich im Mittelalter ein Dutzend Kirchen stritten. Katharina von Siena (1347–1380), die mutig Päpsten entgegen trat, trug diese unsichtbar als Verlobungsring am Finger. Ein weiteres Objekt frommer Begierde war das Jesuskind. Nonnen fühlten sich getrieben, die aus Stoff oder Wachs angefertigten Jesuskinder zu schaukeln, an die Brust zu legen und zu stillen. Was wäre natürlicher?

Bei zölibatären Männern richtete sich die Inbrunst auf Maria, so bei Bernhard von Clairvaux (1090–1153), Kirchenreformer und Begründer des Zisterzienserordens, der flammend zum zweiten Kreuzzug aufrief. In einer Vision habe ihm die Gottesmutter aus ihrer entblößten Brust einen Milchstrahl verabreicht, den er mit herausgestreckter Zunge empfing. Er habe so die Gabe der Beredsamkeit erhalten. Diese setzte er nicht nur friedlich ein, sondern auch zum Lobe des christlichen Templerrittertums: »Ein Ritter Christi … tötet mit gutem Gewissen, noch ruhiger stirbt er. Wenn er stirbt, nützt er sich selber, wenn er tötet, nützt er Christus. … Wenn er einen Übeltäter umbringt, ist er nicht ein Menschenmörder, sondern sozusagen ein Mörder der Bosheit.«

Innigste Marienverehrung, erotisch angehaucht, und Grausamkeit lagen in der Kirchengeschichte nahe beieinander. Als das Heer von König Alfons von Kastilien im Jahre 1212 bei Naves de Tolosa die Mauren besiegte und von diesen 100 000 auf der Wallstatt liegen blieben, trug er ein Marienbanner und sprach von einem »großen Tage Unserer Lieben Frau«. Auch die Niederlage der Türken in der Seeschlacht bei Lepanto (1571), in der 30 000 Osmanen fielen: Aufgrund der Fürsprache Mariens und der Rosenkranzgebete, worauf Pius V. das Rosenkranzfest einführte. Eine der am weitesten verbreiteten Marienvereinigungen, die 1921 von Frank Duff in Dublin begründete »Gemeinschaft Unserer Lieben Frau von der Barmherzigkeit«, nahm militärisches Vokabular an: »Legio Mariae«. Ihre Angehörigen sind »Legionäre« oder – wenn sie zum täglichen Rosenkranz auch die Messe mitfeiern – »Prätorianer«, wie die Leibgardisten der römischen Kaiser hießen. In der Legio Mariae engagiert war der Wiener Erzbischof Groër, der in einer Predigt am Marienwallfahrtsort Roggendorf (14.9.1969) ausführte: »Ihr sollt ein lebendiges Haus sein, in dem Maria und Jesus wohnen und verehrt werden … Ihr braucht euch keinen Bart wachsen lassen« – nachdem bekannt wurde, was er als Religionslehrer mit vorpubertierenden Schülern auch tat, erscheint dies in neuem Licht. Notabene: Der Journalist Hell erzählt, wie er, entsetzt über die Missbrauchsvorwürfe an Kardinal Groër, einen befreundeten Priester fragte, warum sich dieser nicht einen Strichjungen holte: »Das hätte der sich nie getraut.«

Auch von Jesuiten sind ebenso ›fromme‹ wie erotische Worte über Maria überliefert. Josef Pemble empfahl (1764), »sich an die Brüste Mariä zu legen, und so viel Gnade daraus zu saugen, als möglich ist«. Der Dominikaner Alanus de Rupe (1428–1475), Begründer der ersten Rosenkranzgemeinschaft, erzählt, wie ihm in der Klosterzelle die Muttergottes erschien, aus ihren Haaren einen Verlobungsring flocht und ihm gewährte, sie zu küssen, an den Brüsten zu saugen, »nicht anders, als es zwischen Braut und Bräuti-

gam geschieht«. Freilich, so offenkundig sexuell ist Jesus-
oder Marienfrömmigkeit nicht mehr. Aber diese Erotisie-
rung von Frömmigkeit – bei gleichzeitigem Beharren auf
Keuschheit und Ablehnung von Sexualität – geschieht nach
wie vor. Bezeichnend sind Kommentare im erzkatholischen
»kreuz.net«, so am 21.5.2010 im Zusammenhang mit dem
Ökumenischen Kirchentag in München: »Alle Kirchentags-
teilnehmer sind Freier der großen Zeitgeisthure. Man sollte
sie exkommunizieren«.

Für Gehirnforscher ist dieses Amalgam von Frömmigkeit / Mystik und Sexualität – oft auch Sadismus – kein Zufall. Intensive religiös-spirituelle Erfahrungen und sexuelle
Empfindungen aktivieren gleiche Gehirnregionen, speziell
im für Gefühle zuständigen *limbischen System*. Charakteristisch für religiöse Intensiverfahrungen, in der Mystik
gipfelnd, ist, dass die Körpergrenzen fließend werden und
Einheit erfahren wird, sei es mit dem Sein, der Natur, Gott.
Die Tätigkeit im Orientierungsareal des Gehirns geht – wie
der Neurologe Andre Newberg bei italienischen Nonnen
und buddhistischen Mönchen feststellte – nachweislich
zurück, dies auch in einem starken Orgasmus, wenn Menschen buchstäblich zu zerfließen wähnen. Der Tantrismus
versteht sich als Weg, durch die sexuelle Vereinigung dem
Göttlichen näher zu kommen, mit allen Sinnen. Eine Lie-
bende: »Ich öffne mich, gebe mich Gott anheim und spüre,
wie er in mich dringt. Die Energien sind so stark ... es ist
eine so überwältigende Freude, wenn die göttlichen Licht-
strahlen in mich fluten und alles erhellen.« Anders als in der
kirchlichen Tradition ist Sexualität hell und licht, und nicht
düster, sie ist integriert und nicht abgespalten.

Folgen der Sexualfeindlichkeit: Diffamierung der Frau

»In keiner Religion ... ist die Frau so geachtet und geehrt wie im Christentum«, schrieb der weltbekannte Moraltheologe Bernhard Häring (1912–1998). Sofern »die Frau« Maria ist – wer könnte ihm widersprechen?

Zu differenzieren wäre auch zwischen katholischer und evangelischer Kirche; in letzterer wirken nicht nur Pastorinnen (mittlerweile auch in der christkatholischen und anglikanischen Kirche), sondern Bischöfinnen. Die katholische Kirche hingegen behält die Priesterweihe weiterhin nur Männern vor. Im Apostolischen Schreiben »Ordinatio Sacerdotalis« (22.5.1994) äußerte sich Johannes Paul II. unmissverständlich: »Ich erkläre kraft meines Amtes ..., dass die Kirche keinerlei Vollmacht hat, Frauen die Priesterweihe zu spenden, und dass sich alle Gläubigen der Kirche endgültig an diese Entscheidung zu halten haben.« Dies sei »die treue Beachtung eines Ratschlusses, der der Weisheit des Herrn des Universums zuzuschreiben ist«, der von Anfang der Schöpfung an keine Frauen am Altar will. Das gleiche Schreiben nennt die Kirche »heilige Mutter«, in deren Ämtern keine Mütter sitzen dürfen.

Warum dieses unerbittliche Nein? Zwar wird konzediert: Dieser »Ausschluss der Frau vom Priesteramt«, sei »keine Minderung ihrer Würde und keine Diskriminierung«. Wie Frauen das empfinden? Der entscheidende Grund: Jesus habe, in voller Freiheit, nur Männer als Apostel ausgewählt. Mittlerweile gehört zum Maturawissen in Religion, dass sich unter jenen, die Paulus[123] als »Apostel« anredete, eine Junia befand, »angesehen unter den Aposteln«, die schon zu Jesus gehörte, als Paulus noch Saulus hieß. Für die Urkirche war es selbstverständlich, dass Junia eine Frau war, und keine Kurzform von Junias – ein Männername, der in

der antiken Literatur nicht belegt ist. Selbst Johannes Chrysostomus (344–407), kein Wertschätzer von Frauen, schrieb
über Junia: »Wie groß muss die Weisheit dieser Frau gewesen sein, dass sie für den Titel Apostel würdig befunden
wurde.« Alle Apostel männlich? Nein! Vor allem nicht alle
Jünger! Den Gottessohn begleiteten Frauen, »die ihn unter-
stützten mit dem, was sie besaßen«: Maria, genannt Magdalena, Johanna, Susanna und viele andere mehr[124]. Keine
Frauen als Priesterinnen, weil es keine Apostolinnen gegeben habe: Nicht haltbar! Warum aber dann keine Frauen am
Altar? Im Mai 2008 wurde dies in einen Internetchatroom
gefragt. Eine Teilnehmende verwies auf die mögliche Angst
zölibatärer Männer vor Frauen, auf nicht integrierte Sexualität, was Diffamierung begünstige.

Wie das Judentum, ist auch das Christentum, speziell die
katholische Kirche, patriarchalistisch und war von Anfang
an anfällig, Frauen abzuwerten. Theologen sahen in ihr ein
sündhaftes Wesen und hielten sie, die alle Monate menst-
ruiert, für unrein. Diese Diskriminierung, hinter der auch
ohne viel psychoanalytische Kenntnisse sexuelle Faktoren
ausgemacht werden können, begann bei den Kirchenvätern.
Tertullian (150–230) hielt die Frau für die »Einfallspforte des
Teufels«, und riet ihr, als Schutz vor den Dämonen einen
Schleier zu tragen. »Du bist es, die dem Bösen Eingang
verschafft hat … So leicht hast du den Mann, das Ebenbild
Gottes, zu Boden geworfen. Wegen deiner Schuld … musste
auch der Sohn Gottes sterben.« Die Frau – kein Ebenbild
Gottes – aber doch fähig, einen Mann zu Boden zu wer-
fen! Auch Augustinus (354–430) dachte in seinem Genesis-
Kommentar über die Gottebenbildlichkeit von Mann und
Frau nach[125]. Er gelangte zur Erkenntnis, auf einer höhe-
ren, geschlechtslosen Ebene seien beide Gottes Ebenbild.

Im Irdischen hingegen sei die Frau untergeordnet, weil ihre Zweckbestimmung das Gebären ist. Bei allem anderen – Freundschaft, Mitarbeit – wäre für den Mann ein anderer Mann die bessere Hilfe. Eine aktuelle Publikation des Würzburger Zentrums für Augustinusforschung argumentiert zwar: »Augustin bezweifelte keineswegs die Gottebenbildlichkeit der Frau als ›homo‹« (Mensch = Mann). Aber faktisch wird damit gesagt: Die Frau ist Gott ebenbildlich, insofern sie nicht Frau ist.

Solche Aussagen sind vor dem Hintergrund der damaligen Weltanschauung zu sehen, die durch den leibfeindlichen Manichäismus geprägt war. Aber sie wirkten fort. Bonifazius, der Apostel der Deutschen: Frauen sollen in der Kirche nicht singen. Dass der Ausschluss von Frauen aus der Liturgie auf ihre Sexualität zurückgeführt wurde, zeigt ein Kommentar des Theologen Paucapalea (um 1150): »Den Frauen ist es nicht erlaubt, in der Zeit der Menstruation oder nach der Geburt eines Kindes eine Kirche zu betreten. Denn eine Frau ist ein menstruierendes Wesen. Nach Berührung mit ihrem Blut werden Früchte nicht mehr reif ... Wenn Hunde daran lecken, werden sie tollwütig.«

Auch Thomas von Aquin (1225–1274) hielt – beeinflusst durch Aristoteles – die Frau für »mangelhaft«: »Die im männlichen Samen sich vorfindende Kraft zielt darauf ab, ein ihr vollkommen Ähnliches hervorzubringen. Die Zeugung des Weibes aber geschieht auf Grund einer Schwäche ... ›Femina est mas occasionatus‹ (= Die Frau ist ein verfehlter Mann)« – so der Patron der Katholischen Hochschulen. Zu seinen Lebzeiten (1234) trat der bis 1916 gültige Codex Juris Canonici in Kraft. Er enthält gegenüber Frauen u. a. folgende Bestimmungen: Sie dürfen nicht ins Priesteramt geweiht werden, nicht taufen, das Corporale nicht berühren (das Leinentuch, auf das die geweihte Hostie gelegt wird), während der Menstruation die Kommunion nicht empfangen, und dies nur auf der verhüllten Hand (nackt ist sie unwürdig), oder der Zunge. – Das Kirchenrecht von 1917 schwächte etliche Bestimmungen ab, so das Kommunionverbot während der Regel. Aber es wurde auch verfügt, Altartücher müssen zuerst von Männern gewaschen werden, bevor Frauen sie berühren dürfen – eine Anweisung, die angesichts einer der häufigeren Tätigkeiten von Frauen in der Kirche (Reinigen) ungewöhnlich ist.

Frauen als Hexen

Auf die Spitze getrieben wird die theologische Diffamierung der Frau in dem 1487 erschienenen »Malleus Maleficarum« (Hexenhammer), das Standardwerk für die Entlarvung, das Verhör und die Verurteilung von Hexen, dessen Hauptverfasser der Dominikaner Heinrich Kramer (1430–1505) war. Kramer (lateinisch: »Institoris«) war einer der besessensten Inquisitoren, dessen Ansichten auch zu seinen Lebzeiten keineswegs nur Zustimmung fanden. Der Bischof von Brixen hielt ihn für »kindisch«. Als Institoris in Innsbruck, wo er über den Schadenszauber durch Hexen predigte, so viele Frauen wie möglich der Einäscherung zuführen wollte, legte sich der Rat quer und verwies ihn des Landes.

Was Heinrich Kramer über Frauen schrieb, ist etwas vom Absonderlichsten der Menschheitsgeschichte. Aber er reiht sich in eine entsprechende kirchliche Tradition, auch wenn zu dieser über Jahrhunderte gehörte, der Glaube an Hexen und Schadenszauber sei irrig. Karl der Große erhob einen Beschluss des Konzils von Paderborn aus dem Jahre 785 zum Gesetz, wonach mit dem Tode zu bestrafen ist, wer an Hexen glaubt und diese verbrennen will. Sieben Jahrhunderte später äscherte die Kirche Hexen ein. Kramer begründete seine pathologische Anthropologie der Frau mit Zitaten von Theologen und Kirchenvätern. Auch erlebte sein Buch bis 1669 dreißig Auflagen; es wurde gebraucht. In I,6 fragt der Dominikaner »nach den allgemeinen Eigenschaften der Frauen«, sodann danach, warum Frauen häufiger abergläubisch und Hexen seien. Einen triftigen Grund fand er in der Etymologie von »femina« (= Frau). Das Wort setze sich zusammen aus »fe« (Abkürzung von »fides« = Glaube) und »minus« (weniger), »weil sie immer geringeren Glauben hat und wahrt, und zwar von Natur aus …«. Die Frau verfüge auch über geringere Verstandeskräfte und erliege leichter heftigen Emotionen: Neid, Zorn (die rasende Medea), Boshaftigkeit, was sie für rachsüchtigen Schadenszauber prädestiniere. Dem Glück des Mannes stehe sie mit ihrem »Keifen, Schreien und ihren Vorwürfen« im Wege; »alle verheirateten Männer wissen das« – auch der zölibatäre Institoris.

Am massivsten schießt sich der Inquisitor auf die Sexualität der Frauen ein, sofern sie diese nicht – wie heilige Jungfrauen – überwunden haben. »Unter Frau wird immer die Fleischeslust verstanden«. Sie sei nicht zu befriedigen. Zustimmend zitiert er Spr 30,15: »Das Vierte, das niemals sagt: ›Genug!‹ … der Schlund der Gebärmutter.« Er schließt sich dem Kirchenvater Valerius an, der die Frau mit einer Chimäre verglich, einem dreigestaltigen Ungeheuer: das herrliche Antlitz eines Löwen, aber »entstellt durch den Unterleib der stinkenden Ziege«, bewaffnet mit dem Schwanz einer giftigen Viper. »Das will sagen, dass ihr Anblick schön ist, die Berührung grausig und der Umgang tödlich«.

Warum? »Wegen der ersten sündigen Frau, Eva«. Bezeichnend sei, wie sie erschaffen wurde, »d. h. aus einer Brustrippe, die gekrümmt und gleichsam dem Mann entgegen geneigt ist«. Deswegen habe sie sich dem Mann unterzuordnen, sei ihr Trachten krumm und hinterlistig. Die Frau sei »bitterer als der Tod«, weil ihre Sünde nicht nur den Körper töte, sondern auch die Seele. Diese diffamierende Sicht, schon von Zeitgenossen als krankhaft empfunden, trug dazu bei, dass viele Frauen verbrannten. Dahinter standen Sexualängste, ersichtlich an Formulierungen wie: Die Frau als »Schlinge«, die Männer »durch fleischliche Lüste gefangen« nehme. Auch könnten Frauen, mit den Dämonen im Bund, Männer in »Liebestollheit« versetzen und ihre Zeugungskraft behexen, worüber Kramer umfangreiche Überlegungen anstellte, die in der Behauptung gipfelten: »Daher können sie die Glieder des Mannes wirklich entfernen«. Wird in der Psyche Sexualität abgespalten, wird sie leicht dämonisiert und auf Frauen projiziert. Dies ruft nach einem Kompensat. Der gleiche Autor, der den weiblichen Unterleib mit einer Ziege verglich, schrieb von Maria, über diese sei »sehr viel und immer Lobenswertes zu predigen«, weil sie »die allerseligste« war. Zustimmend zitiert er den Kirchenlehrer Hieronymus: »Alles, was der Fluch Evas Böses gebracht hat, hat der Segen Marias weggenommen«.

Hätte Heinrich Institoris auch so abschätzig über Frauen geschrieben, wenn er – wie Abaelard mit Heloise – in den Armen einer Geliebten selig eingeschlafen wäre? Kaum! Es gilt als gut gesichert, dass eines der Motive der Hexenverfolgung Frauenfeindlichkeit war, die an die Stelle der Judenfeindschaft trat, nachdem diese vielenorts vertrieben waren. Aber auch »die sexuell fixierte Phantasie zölibatärer kirchlicher Inquisitoren, die sich sehr an den angeblichen Perversionen, Obszönitäten und Orgien jener in der Wollust unersättlichen Frauen interessiert zeigten«. Zum hochnotpeinlichen Verfahren gehörte, den Opfern sämtliche Körperhaare abzurasieren und die Körperöffnungen zu examinieren. Folterer quälten an den Brüsten, der Scheide (mit der vaginalen Birne, an der gedreht werden konnte, bis das Gewebe riss), den Haaren, psychoanalytisch: Symbole sexueller Stärke, an denen die Opfer aufgehängt wurden. In nur wenig waren Menschen erfindungsreicher als darin, anderen Qualen zuzufügen. Auch in der Kirche.

Eine weitere mögliche Erklärung für den Hexenwahn besagt, dieser sei von der Kirche forciert worden, weil die Hexen geheimes Wissen besessen hätten, um Empfängnis zu verhindern und Aborte herbeizuführen. Wegen der regelmäßigen Dezimierung der Bevölkerung (Pestzüge), wollte die Kirche dieses Wissen ausmerzen, damit die Gotteshäuser nicht leer wurden. Doch diese Theorie, unter den »neuen Hexen« beliebt, ist umstritten. Die hohe Bereitschaft, Schadenszauberinnen auf den Scheiterhaufen zu bringen, war eher durch die Klimakatastrophe im 16. Jahrhundert bedingt. Die feuchte Witterung begünstigte die Entstehung des giftigen Mutterkorns, das zu unerklärlichen Krankheiten führte, wofür es Schuldige brauchte – Hexen, wie im Hexenhammer eindringlich nachzulesen.

Der Hexenwahn ist eines der dunkelsten Kapitel der neueren europäischen Geschichte und der Kirche, der katholischen wie der evangelischen. Auch wenn letztere mit der Programmschrift »Von der Freiheit eines Christenmenschen« (1520) antrat, verhinderte dies nicht, dass auch in protestantischen Landen unzählige Frauen als Hexen denunziert, angeklagt, gefoltert und eingeäschert wurden. In einer Predigt vom 6. 5. 1526 hielt es Luther für ein »überaus gerechtes Gesetz«, dass Zauberinnen hingerichtet werden, weil sie auch »über die Entfernung von einer Meile«

geheimnisvolle Krankheiten hervorrufen können. Calvin, Reformator in Genf, wollte alle aus der Gemeinde ausschließen, die die Verbrennung von Hexen nicht für rechtens hielten. Nach einer Pestepidemie ließ er binnen weniger Monate 34 Scheiterhaufen aufflammen.

Hexenverbrennung ausschließlich der katholischen Kirche anzulasten, vollstreckt von Inquisitoren mit schwarzen Kapuzen und finsteren Blicken, ist nicht gerechtfertigt. Im Visier der Inquisition waren Andersdenkende, Andersgläubige – und nur bedingt Hexen. Die spanische Inquisition, 1478 von Tomás de Torquemada installiert, verfolgte primär zum Schein bekehrte Juden und Mauren. Auch in Italien hielten sich Hexenverbrennungen in Grenzen. Als um 1600 in Bitonto eine Hexenjagd losgetreten wurde, ordnete Clemens VIII. (1592–1605) eine Untersuchung durch die Inquisition an, die damit endete, dass die angeklagten Frauen rehabilitiert wurden. Der Bischof hingegen, der dies angezettelt hatte, wurde entfernt.

Auch wenn die Anzahl der Opfer massiv übertrieben wurde – nachdem 1786 Gottfried Voigt die Zahl »neun Millionen« in die Welt gesetzt hatte –, die Hexenverfolgung war, mit Ausnahme der Judenpogrome, »die größte nicht kriegsbedingte Massentötung von Menschen durch Menschen in Europa«. Neuesten historischen Recherchen zufolge durchlitten mindestens 50000 Menschen die unsägliche Angst vor den Flammen und schrieen in der hochnotpeinlichen Befragung. »Die Geschichte dieser Opfer – namenlos und vergessen – können wir nicht ungeschehen machen«, bekannte das Kapitel der Dominikanerprovinz Deutschland im Jahre 2000. Es distanzierte sich ausdrücklich vom früheren Mitbruder Heinrich Kramer. Auch verweisen die Predigerbrüder darauf, »der Geist von Inquisition und Hexenverfolgung – Diskriminierung, Ausgrenzung und Vernichtung Andersdenkender – (sei) auch heute latent oder offen in Kirche und Gesellschaft, unter Christen und Nichtchristen lebendig.«

Viele kirchliche Äußerungen über Frauen, sowie rechtliche Bestimmungen über sie, entsprechen archaischen (Reinheits-)Vorstellungen. Aus heutiger Sicht sind sie schweres Unrecht, ein dunkles Kapitel der Kirchengeschichte. Gut, dass die Kirche diesbezüglich nicht eingelöst hat, was sie so oft beansprucht: immerwährende Wahrheiten zu verbürgen. Gemäß dem Kirchenrecht von 1983 dürfen Frauen nunmehr die Kommunion spenden, die Lesungen aus der Heiligen Schrift vortragen, als Kantorinnen singen, sogar solo. Mädchen dürfen Wasser- und Weinkrüglein zum Altar tragen, was das Kirchenrecht von 1917 noch untersagt hatte, Erzbischof Eder in Salzburg noch Ende der Achtziger Jahre beim Papstbesuch.

Angesichts dieser dunklen Unrechtsgeschichte an den Frauen – was wäre naheliegender, als wirklich »mea culpa« zu sagen und diese Vergebungsbitte zu beglaubigen, indem ihnen nicht nur gestattet wird, sondern sie eingeladen werden, am Altar die Hostie zu erheben und »Das ist mein Leib« auszusprechen.

Fünftes Kapitel
»Durch meine Schuld, durch meine große Schuld«

Sonntagmorgen in einer Kirche, deren Bänke zur Hälfte besetzt sind, in den hinteren Reihen dichter als vorne, überwiegend ältere Menschen, vereinzelt junge Familien mit Kindern. Die Orgel hat ausgespielt, der Pfarrer die Gemeinde schon freundlich begrüßt – »Schwestern und Brüder in Christus«. Er fährt fort: »Damit wir reinen Herzens diese Feier begehen können, bitten wir Gott um Vergebung.« Die Anwesenden murmeln mit ihm: »Ich bekenne Gott, dem Allmächtigen, und Euch, Brüdern und Schwestern, dass ich Gutes unterlassen und Böses getan habe. Ich habe gesündigt in Gedanken, Worten und Werken durch meine Schuld ...«. Etliche Kirchgänger schlagen sich dreimal auf die Brust, den Kopf dabei gesenkt, die Schultern leicht eingezogen – die in der Evolution bewährte Haltung der Unterwürfigkeit.

Freilich, zur menschlichen Existenz gehört, dass wir Schuld auf uns laden. Aber es gibt von allem ein zuviel. Dreimal: »Durch meine Schuld«. Auch Kinder murmeln dies mit. Schuldig wofür?

Vom Guten ist nur insofern die Rede, als es unterlassen wurde. Sodann wird das Erbarmen Gottes und von Christi herabgerufen: »Herr erbarme dich!« Was besagt das für den Menschen? Dass er erbarmungswürdig ist; aber es schwingt auch mit: »erbärmlich. Das Selbstwertgefühl kann geschmälert werden. Passend, wenn – wie in österreichischen Kirchen üblich – gegen Ende aus der Messe von Michael Haydn gesungen wird: »O Herr, ich bin nicht würdig, ..., zu deinem Tisch zu gehen. Du aber mach mich würdig ... erhör mein kindlich Flehn.« Dieses Flehn ist »kindlich«, auch für Erwachsene.

Zunächst wird die »Erbsünde« erörtert. Sie ist für den Philosophen Schopenhauer »das Herz des Christentums« und führte dazu, dass Menschen sich sündhaft fühlen, der Erlösung bedürftig. Diese leistete, durch seinen Tod am Kreuz, Jesus. Aber gerade seine Qualen wurden und werden den Sünden der Menschen angelastet! Nur mit wenig kann man Menschen stärker binden als: ihnen Schuldbewusstsein einflößen und zugleich das Medikament anbieten, verabreicht im Beichtstuhl oder als Ablass. Die Kirche gewährt ihn nach wie vor, gemäß dem Ablassverzeichnis von 1999 u. a. für den, der »fromm« den päpstlichen Segen »Urbi et orbi« empfängt (»auch über Fernsehen oder Radio«). Und: Wer in »Todsünde« stirbt, kommt in das »ewige Feuer« der Hölle – auch noch im Jahre 2010.

Sündig, weil wir sind?

Vor uns liegt ein neugeborener Säugling, die Haut verrunzelt, mit Ärmlein und Beinchen strampelnd, die Augen verklebt, der Mund laut schreiend. Evolutionsbiologisch: Wunderbar! Die Gene sind weitergegeben. Und auch dieses Menschenkind wird sie weitergeben. Ist dieses Wesen sündig? Erlösungsbedürftig?

Anders als im Islam und Judentum, die eine Erbsünde nicht kennen, im Christentum: Ja! Zu Beginn des 17. Jahrhunderts predigte der evangelische Theologe Johann Arndt: »Sehet ein kleines Kind, wie sich vom Mutterleibe an die böse Unart in ihm regt, sonderlich aber der eigene Wille und Ungehorsam, und wenn es ein wenig erwächset, bricht hervor angeborne eigene Liebe, Rache, Lügen ... Hoffarth.« Katholische Theologen standen ihm nicht nach. Für den Pastoraltheologen Johann Sailer (1751–1832) war Erziehung »heiliger Krieg« gegen die Erbsünde, manifest im Eigensinn des Kindes.

Der theologische Gewährsmann dieser pessimistischen Sicht des Kindes ist Augustinus (354–430), maßgeblichster Kirchenlehrer. In seinen Bekenntnissen schrieb er, der als Kind oft verprügelt wurde: »Wer zeigt sie mir, die Sünde meiner Kindertage? Ist doch niemand vor dir von Sünde rein, auch kein Kindlein, das nicht älter ist als einen Tag.« Er erzählt: »Mit eigenen Augen sah und beobachtete ich eines Knäblein Eifersucht!« Er habe den Milchbruder von der nährenden Brust hinweg drängen wollen, mit »bitterbösem Ausdruck«.

Warum ist ein Säugling »bitterböse«? Für Augustinus aufgrund der Ursünde Adams. Er knüpfte an Paulus an: »Darum, wie durch einen Menschen die Sünde in die Welt kam und durch die Sünde der Tod, und so der Tod zu allen Menschen gelangte ...«[126]. Aber warum war der Biss in den Apfel dermaßen folgenschwer? Weil die Ureltern nicht gehorchten. Sie hätten ihr Verbot bei so vielen anderen Speisen leicht einhalten können. Notabene: Hatte Adam zuvor Erektionen? Augustinus schließt dies nicht aus. Aber: Adam und Eva waren dabei von keiner Leidenschaft »verwirrt«. Dieser ›coole‹ Sex wurde das Ideal für Jahrhunderte. Andere hielten das Urpaar überhaupt für geschlechtslos, so die Mystikerin Mechthild von Magdeburg (1207–1282): »Gott schuf ihnen keine Glieder der Schande.« Neben dem Tod, der Adam ohne Biss in den Apfel erspart geblieben wäre, zog die Urschuld weiteres nach sich: Schamempfinden,

Begehrlichkeit, Wollust. Aber auch – was nur ein Mann schreiben kann –, dass jenes Glied, mit dem gesündigt wird, nicht immer dem Geiste gehorcht. Bisweilen stelle sich die Erregung ein, »wenn niemand danach verlangt, bisweilen aber verlässt sie den Schmachtenden. Menschen: »sündiges Fleisch!« Weitergegeben werde die Erbsünde durch die Zeugung, von Wollust entstellt und sündhaft.

Augustinus kämpfte gegen einen theologischen Gegner. Hätte dieser sich durchgesetzt, wäre die Geschichte anders verlaufen, zumindest die der Erziehung: Pelagius (360–420), ein hoch geachteter Mönch. Von den Neugeborenen sagte er: »Sani sunt«: Sie sind heil und bedürfen nicht zwingend der Taufe. In der Urkirche wurden, in der Osternacht, *Erwachsene* getauft, nachdem sie ein dreijähriges Katechumenat absolviert hatten. Beeinflusst von Augustinus ordnete die Synode von Karthago (418 n.Chr.) an, Kinder, wegen Adams Ursünde dermaßen weinend, seien gleich »vom Mutterleib weg zu taufen …, damit in ihnen durch Wiedergeburt gereinigt werde, was sie sich durch Geburt zugezogen haben«[127] – Geburt: ein Vergehen? Anderenfalls gelangen sie an einen »Ort der Verdammnis, … wenn auch der leichtesten«. Dieser wurde als »Limbus« identifiziert, ein »Saum der Hölle«, aber ohne dort zu erleidende Pein. Benedikt XVI. erklärte im Oktober 2006, diese Lehre, die viele Mütter, wenn Kinder ungetauft verstarben, mit Angst und Pein erfüllte, nicht mehr weiter verbreiten zu wollen.

Pelagius vertrat auch eine andere Sicht der menschlichen Natur. Der Mensch könne durch freien Willen ein gutes Leben führen und das Heil erlangen. Anders Augustinus: Kein Heil ohne Gnade[128]. 417 exkommunizierte der römische Bischof Innozenz I. Pelagius, der zum Inbegriff des Häretikers wurde, obschon (oder gerade weil) er den Menschen für von Natur aus gut hielt, wie es auch im Schöpfungsbericht heißt: »Gott sah, dass es gut war«[129].

Warum war es für Augustinus wichtig, den Menschen, vom ersten Atemzug an, für sündhaft zu halten, seine Freiheit einzuschränken und die ärgste Sünde darin zu bestimmen, was Lust bereitet: Sexualität? Es gibt biographische Gründe: Der junge Augustinus, ein begnadeter Rhetoriker, lebte leidenschaftlich. Er habe nach fleischlichen Genüssen gegiert, sei in die »Finsternis der Wollust« abgesunken und »der Krankheit fleischlicher Lust ... verfallen«. Er dankt Gott, dem »Erbarmer«, dass dieser »in weiser Güte« seine »Lust mit Galle besprengt« habe – Sexualpathologen mögen das ihre dazu denken.

Ein weiteres mögliches Motiv: Macht! Menschen, sich schuldhaft wähnend, sind leichter zu lenken. Das gravierendste Vergehen von Adam? »Ungehorsam«[130]. Die Erbsündentheorie diente auch dazu, den Autoritätsanspruch der Kirche gegenüber den Gläubigen zu legitimieren. Wenn diese vor Sünde regelrecht krank sind, »dann lässt sich die Rolle des Katholizismus definieren als die des guten Doktors, der allein die geistliche Arznei und die Regeln der Lebensführung kennt und verordnet, die zur Heilung führen.«

Welche Macht aufgrund dieses Sündenkonzepts ausgeübt werden konnte, zeigt sich in der Kirchengeschichte noch und noch. Wie Soldaten motivieren, zu töten? Der Zisterziensergeneral Arnald Amalric, von Innozenz III. zum Kreuzzug gegen die Albigenser in Südfrankreich beauftragt, tat im Jahre 1210 folgendes: Er stellte für 40 Tage Kriegsdienst einen vollkommenen Ablass von allen Sünden in Aussicht. Nach 40 Tagen war die Stadt Béziers gefallen, die Festung Carcassonne erobert, 20 000 Albigenser erschlagen. Die meisten Söldner verließen Amalrics Heer im Wissen darum, dass ihnen alle Sünden vergeben waren, der Einzug ins Paradies garantiert.

Verschärft wurde der Erbsündengedanke in der Reformation. Das Bekenntnis der lutherischen Kirche aus dem Jahre 1530 thematisiert die Erbsünde im zweiten Abschnitt. Alle Menschen seien in Sünde empfangen, »vom Mutterleibe an voll böser Lust und Neigung«. Die Erbsünde sei »wahrhaftig Sünde« und wirke, auch wenn die Taufe gespendet sei. Das Konzil von Trient bekräftigte die Erbsündenlehre, schrieb aber der Taufe das Vermögen zu, »die Strafwürdigkeit der Ursünde (zu) vergeben«, und nicht nur zu mindern.[131] Das Konzil erklärte zudem die Absicht, »die selige und unbefleckte Jungfrau Maria« von der Erbsünde auszunehmen[132].

Die Aufklärung, ohne die wir noch immer Fürsterzbischöfen untertan wären und nicht an Verfassungsgerichte appellieren könnten, lehnte die Erbsündenlehre konsequent ab. Allen voran Rousseau (1712–1778). Für ihn wird der Mensch »frei geboren, aber überall liegt er in Ketten«. 1762 veröffentlichte er den Erziehungsklassiker »Emile«, der mit dem wuchtigen Satz beginnt: »Alles ist gut, wie es aus den Händen des Schöpfers kommt, alles entartet unter den Händen der Menschen.« Kirchenmänner in Genf und Paris ließen das Buch verbrennen, weil es die Erbsünde leugne.

Das eigentliche Erbsündenmotiv: Macht! Aufklärer, von Freiheit beflügelt, wendeten sie ins Gegenteil: Der »Sündenfall« wurde zum »Glücksfall«. Schiller sah im Ungehorsam Adams den »Beginn des gefährlichen Weges zur moralischen Freiheit« und zu der von ihm selber zu schaffenden Glückseligkeit. Auch für Kant ist der Sündenfall ein Schritt des Menschen zu sich selbst – und zur Freiheit. Kollektivschuld lehnte er ab. Mit dem durch die Aufklärung durch-

gesetzten Ideal der persönlichen Verantwortung ist Sippen-
haft in Adam unverträglich.

Viele Theologen taten sich schwer mit der Erbsündenlehre und entschärften sie. In seiner »Einführung in das
Christentum« deutete sie der junge Konzilstheologe Ratzinger, jetzt Benedikt XVI., nicht im Sinne biologischer Verer-
bung, sondern als strukturelle Schuld der Gesellschaft, ohne
die wir nicht leben könnten. Füttern wir ein Kleinkind mit
Bananen, unterstützen wir Konzerne, die Bananenpflücker
ausbeuten. Drewermann verlagerte die Erbsünde in das
Innere des Menschen: Wenn er, von Angst gefesselt, Unheil
herbeizieht: Neid, Gewalt, Mord. Der Innsbrucker Theologe
Schwager bezog sie auf den allgegenwärtigen Mechanismus,
dass Menschen das Böse auf Sündenböcke projizieren und
an diesen bekämpfen.

Und die katholische Kirche? Trotz der Einwände der Aufklärung, trotz der theologischen Modifikationen hielt sie in
ihrem offiziellen Glaubensdokument an der traditionellen
Erbsündenlehre fest. Die »erste Sünde«: Ungehorsam![133].
Dadurch hielt der Tod »Einzug in die Menschheitsgeschichte«[134] und »erlangt der Teufel eine gewisse Herrschaft
über den Menschen«[135]. Sie sei »›Sünde‹ im übertrage-
nen Sinn …, die man ›miterhalten‹, nicht aber begangen
hat …«[136], schon im Säuglingsalter. Die menschliche Natur
sei infolge der Erbsünde »zwar nicht durch und durch ver-
dorben«, sondern »zur Sünde geneigt«. Weitergegeben wird
sie »durch Fortpflanzung«[137], »ein Geheimnis, das wir nicht
völlig verstehen können«[138].

Wie wirkt die Erbsündenlehre psychologisch? Sie kann
zum einen entlasten. Dass das Böse ist, auch das von mir
begangene: Weil die Neigung dazu angeboren ist, verschuldet durch den Ungehorsam anderer, Adams! Auch die in der

Kirche geschehenen Übergriffe auf Kinder – Mysterium des Bösen! Zum anderen hat sie begünstigt, dass viele Christen in einem permanenten Gefühl der Schuld leb(t)en: Was habe ich falsch gemacht? Beispielsweise wenn die Ehe eines Kindes scheiterte und dieses mit einem neuen Partner zusammenzog, eine Sünde? Oder Kinder sich weigerten, an Ostern in die Kirche zu gehen: Was ist unsere Schuld?

Der österreichische Politiker Graf von Coudenhove-Kalergi (1894–1972), ein Vordenker des vereinigten Europas, schrieb: »Der Glaube an die Erbsünde hat die wahre Erbsünde geschaffen. Das Christentum predigt so lange die Bösheit der menschlichen Natur, bis diese wirklich böse wurde.«

Schuld an Jesu Tod?

In meiner zweiten Volksschulklasse (1968) erzählte die Bibellehrerin die Passion Jesu. Wie Jesus Blut schwitzte und die faulen Jünger einschliefen – wir wurden fast böse auf sie! Wie er verraten wurde, gegeißelt, mit Dornen gekrönt, die Spitzen in die Augenbrauen hinein. Und wie er das Kreuz trug, unter diesem stürzte. Und wie die Nägel die Knochen zersplitterten und er langsam erstickte – wir hätten heulen können. Und dann sagte die Lehrerin, was auch ihr gelehrt worden war und über Jahrhunderte gepredigt, eingeschärft, besungen wurde: »Auch euretwegen. Ihr wart nicht immer brav.« Betretenes Schweigen, alle senkten wir den Kopf. Ich nahm mir vor, der Mutter beim Abtrocknen zu helfen. Die Passionszeit, während der die Tage heller wurden, erleb(t) en viele als bedrückend, als »eine dunkle, schwere Wolke«.

Warum wurde Jesus gekreuzigt? Wie schon abertausende, so 71 v.Chr. an einem Tag 6000 Überlebende des Spartakusaufstandes? Nahm er das Kreuz bewusst auf sich, um die Menschen, auch die nach ihm geborenen, von ihren Sünden zu erlösen? Redlicherweise müssen wir eingestehen: Historisch wissen wir es nicht. Realistischer ist wohl: Ein begeisternder Wanderprediger, mit Kritik an der Glaubensbehörde nicht sparend. Der die Händler aus dem Tempel trieb[139], den Schriftgelehrten Gier vorhielt[140] – das ging an die Substanz, damals schon: das Geld. Einer, der beanspruchte, in direkter Beziehung zu Gott zu stehen, ihn zärtlich »Abba« (Väterchen) anredete[141] und keiner vermittelnden Priester bedurfte, keiner Opfer, woran im Tempel viele verdienten.

Jesus war ein faszinierend charismatischer Mensch, kein Konformist. Einer, der aneckte, im Abseits stand und doch so viele in seinen Bann zog und Mitte wurde, für Christen »Sohn Gottes«, für den Philosophen Karl Jaspers einer der »vier maßgeblichen Menschen«. Er mobilisierte die Menschen in Massen, was in einer Provinz gefährlich werden konnte, die von den Römern beherrscht und immer wieder von Aufständen erschüttert wurde. Als solcher war er prädestiniert, Sündenbock zu werden. Das Johannesevangelium[142] überliefert die Befürchtung des Hohepriesters Kajaphas: »Wenn wir ihn (Jesus, A. B.) gewähren lassen, werden alle an ihn glauben. Dann werden die Römer kommen … Es ist besser für euch, wenn ein einziger Mensch für das Volk stirbt, als wenn das ganze Volk zugrunde geht.«

Wenig einigt Menschen stärker, als sich auf einen Sündenbock einzuschießen und beizuwohnen, wenn an ihm ein Exempel statuiert wird. Um 28 n.Chr. an Jesus, der das Kreuz schleppte, von Schaulustigen verfolgt, im ausgehenden Mittelalter an Ketzern oder Hexen, die – im Namen Jesu – verbrannt wurden, ebenfalls von hunderten Schaulustigen begafft. Das älteste Evangelium, Markus, erwähnt mit keinem Wort, Jesus habe sein Martyrium als Sühne für die Sünden aufgefasst. Vielmehr wird knapp geschildert, wie er am Kreuz schrie: »Mein Gott, mein Gott, warum hast du mich verlassen?«[143]. Drei Tage später: Ostern, Auferstehung, Licht! Der Topos, Jesus habe unserer Sünden wegen dies alles erlitten, wurde schon an der Wiege des Christentums gestaltet, am wirkungsreichsten von Paulus: Durch *einen* Menschen, Adam (= der Mensch), kam die Sünde in die Welt und zog, als ihr »Sold«, den Tod nach sich[144]. Aber: Durch den Gehorsam des einen Christus werden die vielen gerechtfertigt und von der Sünde befreit. Paulus[145] weiter: »Weil das Gesetz, ohnmächtig durch das Fleisch, nichts vermochte, sandte Gott seinen Sohn in der Gestalt des Fleisches, das unter der Macht der Sünde steht, zur Sühne für die Sünde, um an seinem Fleisch die Sünde zu verurteilen.« Das »Trachten des Fleisches«: »Feindschaft gegen Gott«[146], obschon dieses »Fleisch« – so die Schöpfungsberichte[147] – von Gott geschaffen ist.

Früh etablierte sich das Bild von Jesus als unschuldiges Lamm. Der Evangelist Johannes[148] ließ den Täufer sprechen: »Seht, das Lamm Gottes, das die Sünde der Welt hinwegnimmt.« Oder der Verfasser des Ersten Johannesbriefes, der erwachsene Gläubige »meine Kinder« anredete: Jesus Christus »ist die Sühne für unsere Sünden, aber nicht nur für unsere Sünden, sondern auch für die der ganzen Welt.«[149] Verständlich, dass sich viele Christen überzeugen ließen, mitschuldig an Jesu Tod zu sein, auch wenn sie nicht unter jenen Juden waren, die zu Pilatus schrieen: »Lass Barabas frei« – und nicht: »Jesus«[150].

Zum gängigen Verständnis von Schuld gehört zwar, dass sie persönlich ist, und nicht stellvertretend. Jemanden für etwas mitschuldig zu halten, woran er nicht beteiligt war, empfindet das aufgeklärte Rechtsdenken als ungerecht.

Aber spezifisch christlich war (und ist), Menschen Mitschuld daran zuzuschieben, was sich vor zwei Jahrtausen-
den auf Golgotha zutrug. Im »Gotteslob« heißt es:

»Du wirst gegeißelt und mit Dorn gekrönet / ins Angesicht geschlagen und verhöhnet, / du wirst mit Essig und
mit Gall getränket / ans Kreuz gehenket. Was ist doch
wohl die Ursach solcher Plagen? / Ach, meine Sünden
haben dich geschlagen. / Ich, mein Herr Jesu, habe dies
verschuldet, /was du erduldet.«[151]

Diesen Topos gestalteten viele Kirchenväter. Salvian von
Marseille (400–480) führte den Tod Jesu auf »eine allgemeine
Schuld der gesamten Menschheit« zurück, die aber auch
»jeden einzelnen eigens« treffe. Bezeichnenderweise charakterisierte er, der eine Heidin heiratete, aber sich mit 25 Jahren
entschloss, eine Josefsehe zu führen, den Menschen so: »Der
du nur Staub und Kot bist …, dass deinetwegen der Herr
des Weltalls auf die Erde niederstieg … zu unflätigen Mitmenschen, über und über bedeckt mit dem Schlamm ihrer
Sünden.« Auch für Augustinus hat Christus unserer Sünden
wegen gelitten, sodass nur zu ihm »gehört, wer an seinem eigenen Leib seine fleischlichen Gelüste gekreuzigt hat«.
    »Warum wurde Gott Mensch?« Warum starb er am Kreuz?
Darüber dachte wirkungsmächtig Anselm von Canterbury
(1033–1109) nach, der Begründer der Scholastik. In einem
Dialog mit dem Mönch Boso legt Anselm dar, Gott sei durch
die Sünde des (ersten) Menschen unendlich beleidigt worden – auch der Weltkatechismus definiert Sünde nicht nur
als »Verstoß gegen die Vernunft«[152], sondern »Beleidigung
Gottes«[153]. Um diese wieder gut zu machen, sei Gott nur eine
Alternative offen gestanden: Strafe oder Genugtuung. Weil

Gott, voller Erbarmen, das Wohl aller Menschen wolle, kam die angemessene Strafe – die Vernichtung des Menschengeschlechts – nicht in Betracht. Blieb nur die Genugtuung, indem Gott Mensch wurde und sein Leben als satisfactio (Genugtuung) für die Sünden der Menschen dahin gab.

Aufgeschlossene Dogmatiker, deren Problem es ist, Dogmen nicht ändern zu können, sondern sie anders auszulegen zu müssen, verwandten viel Scharfsinn darauf, sadomasochistische Deutungen des Todes Jesu zu überwinden. Hinter solchen steht das Bild eines Gottes, der zornig und unendlich beleidigt ist. Er muss sein eigenes Kind »dahinschlachten«[154], um seinen Geschöpfen wieder wohlgesonnen zu sein. Anders sieht dies der Mainzer Dogmatiker Theodor Schneider: Jesus habe »sich auch nicht selbst zur Besänftigung eines zornigen Opfergottes als Opfer dar(gebracht) ... Der Gottessohn geht in seiner Solidarität mit allen Menschen in das äußerste Elend der Gottesferne (Sünde) ein und erfährt an sich selbst deren böse Folgen.« Lateinamerikanische Befreiungstheologen fanden einen tiefen Zugang zum Gekreuzigten. Sie sahen in ihm auch den geschundenen und ausgebeuteten Indio. Dies motivierte, gegen Unrechtsstrukturen anzukämpfen. Aber genau die Befreiungstheologie geriet zu Beginn der Achtziger Jahre in das Visier der Vatikanischen Kritik: Sie verleugne »den spezifischen Charakter der Befreiung« durch Jesus Christi, »Befreiung von der Sünde ... der Quelle aller Übel« – so der damalige Präfekt der Glaubenskongregation und jetzige Papst. Stets: Sünde, Sünde, Sünde!

Was sagt der Weltkatechismus?

»Dieses Opfer Christi ist einmalig; es vollendet und überholt alle Opfer. Es ist zunächst eine Gabe Gottes des Vaters selbst: Der Vater gibt seinen Sohn dahin, um uns mit sich zu versöhnen. Gleichzeitig ist es eine Opfergabe des menschgewordenen Gottessohnes, der aus freiem Willen und aus Liebe im Heiligen Geist sein Leben seinem Vater darbringt, um unseren Ungehorsam zu sühnen.«[155]

Die Qualen Jesu bei der Geißelung: »Eine Gabe Gottes des Vaters.« Durchbohrte Hände – ein Geschenk! Und zugleich von Jesus »frei gewollt«, aus »Liebe«. Aber – und das hat auf Psychen gewirkt: unseres Ungehorsam wegen. »Wer ist für den Tod Jesu verantwortlich?«: »Jeder einzelne Sünder, das heißt jeder Mensch, ist Urheber und Vollstrecker der Leiden des Erlösers. Diese Schuld trifft vor allem jene, die wiederholt in die Sünde zurückfallen oder sich in Lastern vergnügen, vor allem, wenn sie Christen sind.« [156]

Warum ist es dem Lehramt wichtig, an der schuldinduzierenden Satisfaktionstheorie festzuhalten? Eine Antwort legt ein Lied im Gotteslob nahe[157]: »O hilf, Christe, Gottes Sohn, durch dein bitter Leiden, dass wir, dir stets untertan, Sünd und Unrecht meiden!« Menschen, wenn Schuld ihre Blicke senken lässt, sind gefügiger, auch gegenüber der Kirche. Symptomatisch ist ein Text aus einem Jugendgebetbuch, das 1985 in Gebrauch kam:

»Lieber Jesus, welche Pein
Seh' ich an den Wunden Dein.
So viel hast du leiden müssen,
wolltest meine Sünden büssen!
Ach, sie tun mir leid von Herzen,
haben dir bereitet Schmerzen:
Will nun wieder sein dein Kind,
das dich liebt und folgt geschwind.«

Wie sehr fundamentalistische Kirchenkreise dieser Sichtweise der Passion anhängen, zeigen die Reaktionen auf ein Interview, das der Vorsitzende der Deutschen Bischofskonferenz, Zollitsch, Ostern 2009 gab. Er problematisierte die traditionsreiche Formel »für unsere Sünden gestorben« und akzentuierte die unbedingte Solidarität Gottes mit den Menschen, bis in den Tod hinein. Im Chatroom von gloria. tv wurde getitelt: »Zollitsch leugnet Sühnetod Christi«. Ein Teilnehmer outete sich als sehr bedrückt, dass der Vatikan noch nicht reagiert habe. Er nannte gleich die Adresse, wo man solche Fehltritte melden könne: Kongregation für die Bischöfe, Präfekt Kardinal Giovanni Battista Re, Palazzo della Congregazione, 00193 Roma – Petzen nennt man das bei Kindern.

In welches Seelendunkel diese Mentalität von Schuldgefühl und Selbstbezichtigung führen kann, zeigt sich – extrem – in einem weit verbreiteten Gebetbuch aus dem 18. Jahrhundert. Verfasst haben es die Schwestern Gertrudis und Mechtildis, »darin lauter himmlische und göttliche Gebete, welche diesen heiligen Jungfrauen teils von Christo, oder der Mutter Gottes mündtlich offenbahret«. Darin bezichtigen sie sich nicht nur, »dein armes Kind, und großer Sünder« zu sein, sondern auch für folgendes: »Ich bin ärger als ein vergiffte Pestilentz, weil ich alle, so mit mir umgehen, anstecke und vergiffte. Wann ich nur meinen Mund aufthue, so schlagt als auß einem eröffneten Grab der Gestanck meiner Sünden heraus.« In dieser Befindlichkeit, die Menschen durchleiden, wenn sie in schwerster Depression gefangen sind und sich ihres Leibes und ihres Daseins schämen, tröstete sie nur eines: »Dass ich armer Mensch, wie stinckend und abscheulich ich auch bin, dennoch durch den Tod deines lieben Sohns erlöset werde.« Aber genau, was der Nonne jetzt als Rettung erscheint, war die Ursache für ihre Seelenqual: Jesus musste dies erleiden, weil »ich, deine unwürdige Kreatur … auß lauther Muthwillen und Vermessenheit deine göttliche Gütigkeit so vilfältiglich beleydigt«. Aus diesem verhängnisvollen Teufelskreis gibt es kaum ein Entrinnen, am ehesten als (Selbst-)Bestrafung. Genau darum bittet die Schwester: »O liebster Jesu, reche dich selbst an mir, suche deine Ehr selbst, so ich dir gestohlen hab, und füge mir so vil Übel zu, als ich dir Leyds zugefügt hab.« Unter der Hand wird der erbetene Rächer zum Geliebten: »Keusches Liebkosen mit Christo …in dir ist wollustbarliche Wollust.«

Induzierte Schuldgefühle – bis hin zur Selbstbestrafung? Ein Relikt des Mittelalters? Nur bedingt. Die psychodynamischen Strukturen blieben. Auch zu Beginn des 21. Jahrhunderts wird christlich motivierte Selbstquälerei auf den Philippinen praktiziert. Am Karfreitag 2010 ließen sich dreißig Katholiken ans Kreuz nageln, auch zwei Frauen in weißem Gewand. Der 39-jährige Rolando Bautista, weil er hofft, »dass mein Opfer der Menschheit hilft«. Offiziell ist die Kirche gegen dieses blutige Ritual, das schon längst Touristenattraktion wurde, aber sie tue nur wenig dagegen.

Der Heilige Escrivá de Balaguer, Begründer des hoch angesehenen Opus Dei, schrieb: »Was ich Gott als Christ schuldig bin und was ich angesichts der Schuldigkeit versäume, lässt mich weinen vor Schmerz, Schmerz aus Liebe. ›Mea culpa‹ … Gesegnet sei der Schmerz. – Geliebt sei der Schmerz. – Geheiligt sei der Schmerz«, den sich Angehörige des Opus Dei zufügen, wenn sie sich den Bußgürtel um die Oberschenkel schnallen. Slawomir Oder erwähnt in seinem Buch »Warum er heilig ist: der wahre Johannes Paul II.«, auch der Pontifex habe sich gelegentlich gegeißelt: »In seinem Schrank hing ein Hosengürtel, den der Papst als Peitsche verwendete.« Auch von Jesus wird erzählt, eine Peitsche in die Hand genommen zu haben[158]. Aber damit schlug er nicht sich, sondern vertrieb die Händler aus dem Tempel.

Der Beichtstuhl: Ein dunkler Ort?

In meiner Kindheit kniete ich, wie alle Mitschüler, regelmäßig im Beichtstuhl. Gelegentlich war es ein Problem, für alle Zehn Gebote eine Sünde zu finden. »Ich habe geflucht, gelogen, nicht gehorcht« war immer brauchbar, aber mit der Zeit monoton. Praktisch war die Klassenbeichte, wenn man sich auf dem Weg zur Kirche unterhalten konnte: »Hast Du etwas für das sechste?« »Ja, ich habe das Sexheftli von Papi angeschaut«. »Hast du?« »Ja!«, der Mitschüler ganz stolz. Die wenigen Schritte zum Beichtstuhl tat ich leise, mulmig, und kniete hinein, den Kopf gesenkt: »Gelobt sei Jesus Christus!« »In Ewigkeit Amen«, so der Priester hinter dem Gitter. »Meine letzte Beichte war vor … Ich habe gesündigt …«

Geschichte der Beichte

Traditionalistische Katholiken argumentieren oft: »Es war schon immer so«. Bei der Beichte nicht. Karl Rahner: »Der heilige Joseph hat nun einmal nicht den ersten Beichtstuhl gezimmert«, wovon im 19. Jahrhundert die Verfasser romanhafter Darstellungen des Lebens Jesu überzeugt waren. Im Gegenteil: Der Beichtstuhl ist eine Errungenschaft des Barock.

In der Urkirche legten die »Pönitenten« (Beichtenden) ihr Sündenbekenntnis vor der Gemeinde ab. Überhaupt war anfänglich strittig, ob ein Sakrament der Sündenvergebung eingerichtet werden soll, weil der Christ durch die Taufe ein »neuer Mensch«[159] geworden sei und die Sünden der alten Existenz vergeben seien. Doch auch Getaufte sündigten und hätten ausgeschlossen werden müssen. Um zu verhindern, dass die Gemeinden schrumpften, wurde um 200 n.chr. eine einmalige zweite Buße institutionalisiert. Sie war öffentlich zu leisten und mit Bußwerken (jahrelanges Büßergewand) zu beglaubigen. Seine intimsten Regungen öffentlich einzugestehen, ist nicht jedermanns Sache (auch wenn in Talkshows regelrechtes Enthüllungstalking zelebriert wird, um das wenig gefragte Beichtväter neidisch sein könnten). Die Synode von Karthago (418) ordnete an, die Sünde sei dem Bischof zu gestehen, die Buße – härenes Gewand, Asche aufs Haupt – zu zeigen. Dieses Sakrament konnte nur einmal gewährt werden. Ratsam, sie aufzusparen, aufs Sterbebett. Als um 500 Priester in Spanien dazu übergingen, ihre Pönitenten mehrfach beichten zu lassen, waren die Konzilsväter in Toledo (589) wenig erfreut. Diese Neuerung sei »abscheulich und übermütig« und »auszurotten«.

Es dauerte nicht lange, dass die mehrmalige Beichte üblich wurde. Die iroschottischen Wandermönche, die um 600 mit der Christianisierung Nord- und Mitteleuropas begannen, brachten die »Tarifbuße«. Die Pönitenten hatten dem Beichtvater die Anzahl und Art ihrer Sünden zu nennen, worauf dieser in Bußbüchern nachschaute, welche Leistungen dies gut machen könnten: Gebete, Wallfahrten, Messstiftungen, später: Ablässe, Geld. Die den Katholiken bekannte Form der Beichte verdankt sich dem Konzil von Trient (1545–1563). Dieses reagierte auf die massive Kritik durch Martin Luther. Der große Reformator war nicht gegen die Beichte: »Ich wäre längst vom Teufel erwürgt, wenn mich nicht die Beichte erhalten hätte«. Aber er wandte sich gegen den Beichtzwang: »Von der Beicht haben wir allezeit also gelehret, dass sie solle frei sein, und des Pabsts Tyrannei niedergelegt.« Auch kritisierte er, *alle* Sünden gestehen zu müssen, mehr noch die auferlegten Werke der Genugtuung, oft das Kaufen von Ablass. Vor allem aber erhob Luther die Beichte nicht in den Rang eines Sakraments.

Dem gegenüber insistierte das Konzil von Trient darauf, die (Einzel-)Beichte sei ein von Jesus persönlich eingesetztes Sakrament[160]. Gegen das reformatorische Beichtverständnis war gerichtet, für die Vergebung seien gute Werke unerlässlich. Und ebenfalls, die Beichte könne einzig von einem Priester gespendet werden[161], auch dann, wenn dieser in schwerer Sünde ist[162], etwa aufgrund von Verfehlungen im Beichtstuhl, die von kirchenkritischen Karikaturisten ins Bild gesetzt wurden: Unter anderem Beichtväter, die sich neben hübschen Beichttöchtern unzweideutig berühren.

»Mit der Beichte war es schon immer so!« Nein! Selbst der Weltkatechismus[163] räumt die vielen »Veränderungen« ein, aber man erkenne »die gleiche Grundstruktur«. Auch Rahner hält dafür, das Bußsakrament, wie sehr sich seine Praxis auch änderte, könne »als in seiner Wesensentelechie unveränderlich beschrieben werden«. »Unveränderlich« – genau an diesem Anspruch leiden viele Katholiken/innen, die Kirche lieben und sie mitverändern möchten.

Zurück zu den persönlichen Erinnerungen. In der Regel gab der Beicht*vater* dem Beicht*kind* zur Buße ein paar Vaterunser auf. Und den Vorsatz, sich zu bessern. Meistens schwebte ich aus dem Beichtstuhl. Wenn auf dem Heimweg ein Dachziegel auf mich stürzte: Gleich in den Himmel, Maria würde zuwinken, Gott, ein älterer Mann mit Bart,

anerkennend nicken. Einmal war die Beichte Qual: Ich gestand, ich sei zu den Eltern undankbar gewesen. Der Beichtvater begann vorzurechnen, wie oft meine Mama meine
Unterhosen habe waschen müssen. Es dauerte und dauerte,
Röte stieg ins Gesicht: ›Was denken die Mitschüler, dass ich
so lange nicht heraus komme‹.

Vielen katholischen Kindern erging es ähnlich ambiva-
lent. 1995 sammelte Rupert Scheule Erinnerungen an die
Beichte. Seine Interviewpartner erinnerten sich, wie schwierig es war, ausreichend viele Sünden in den Beichtstuhl zu
bringen: »Zu ernst nahmen wir« – so eine 1924 geborene
Mühlviertlerin – »die Beichte, und es quälte uns sehr, ob
wir auch alles richtig machten: Wo Sünden hernehmen«. Zu
wenig Sünden: auch eine Sünde, Hochmut! Aber: Viele Zeit-
zeugen erinnern sich, geradezu selig aus dem Beichtstuhl
gekommen zu sein, so die 1953 geborene Hannelore Pucher:
»In der zweiten Klasse fühlte ich mich plötzlich ganz leicht
nach der Beichte.« Warum dieses schwebende Gefühl? Weil
Gott mit seinen Beichtkindern wieder zufrieden war, nachdem sie sich hingekniet und ihre Sünden gestanden hatten?
So erlebten es viele, denen ein Gottesbild vermittelt worden
war, gemäß dem seine »unendliche Gerechtigkeit« darin
besteht: »Er belohnt das Gute und bestraft das Böse nach
Verdienst«. Oder weil durch den Priester heiligmachende
Gnade in die Seele geflossen war?

Aber könnte nicht auch sein: Dieses selige Gefühl kam
auf, weil zuvor Schuld eingeredet wurde, von der gleichen
Institution, die hernach das einzige Heilmittel anbot?

Josef Hartl, 1920 im Mühlviertel geboren, erinnerte sich,
wie er als 15-Jähriger auf eine katholische Broschüre stieß
und über Selbstbefriedigung las. Er probierte sie – mit ver-
blüffendem Erfolg – an sich selber aus und beichtete. Da-

rauf brachte ihm der Beichtvater »ziemlich drastisch« bei, wie schwer diese Sünde sei und dass er, wenn er stürbe, »sofort in die Hölle komme«. Notabene: Auch gemäß dem *geltenden* Weltkatechismus ist Masturbation eine »schwer ordnungswidrige Handlung«[164]. Nachdem Josef Hartl dem Kribbeln nicht widerstehen konnte, blieb ihm in seiner panischen Angst, er könnte in diesem sündigen Zustand sterben, nur eines: Im Beichtstuhl knien, auch wenn es ein »entsetzliches Donnerwetter« gab. »Aber die Absolution brachte mir große Erleichterung. Bis zum nächsten Sündenfall.« Er schildert, wie sein Selbstwertgefühl schrumpfte: »Ich bin ein ganz schlechter Mensch«.

Es ist in der Tat wahr: Kaum etwas kann tiefere Abhängigkeit erzeugen als dies: Wenn eine Institution Menschen vorhält, wie sehr sie sich verfehlen (auch wenn sie natürlichen Impulsen folgen), und ihnen »ewige Qualen« androht – und dann die einzig mögliche Rettung anbieten! Wohin diese psychologischen Fallstricke führen können, zeigt sich an den erschütternden Erinnerungen eines kirchlichen Missbrauchsopfers, das im Frühjahr 2010 sein Schweigen brach: Er hatte als Vorpubertierender jene sexuellen Verfehlungen gebeichtet, die sein Seelsorger an ihm beging, weil er sich aufgrund entsprechender Katechese genau dafür schuldig fühlte, was an ihm herumgestreichelt wurde.

In der Pianischen Epoche (ab 1846) wurden die Gläubigen verstärkt zur Beichte angehalten. Besonders Pius X. (1903–1914) förderte die regelmäßige Beichte, ohne die die Kirchgänger die Kommunion nicht empfangen sollten. Warum häufiges Beichten? Beichtväter argumentieren: Um des Seelenheils der Beichtkinder willen! Unbestritten: Unzählige sind leichter gestorben, nachdem sie artikulieren konnten, welche krummen Dinge sie auch getan hatten –

wenn indoktriniert, bald vor einen strengen Richtergott treten zu müssen, umso mehr. Unzählige haben im Beichtstuhl Trost erfahren und fanden hier die einzige Möglichkeit, aus tiefster Seele zu reden. Der Beichtforscher Scheule fand aber nur wenige Belege dafür.

Mehr Zeitgenossen erinnern die Beichte als Disziplinierungsmittel. Mali Gleirscher, 1938 geboren, hatte »immer Angst vor der Beichte« und stellte sie ein, nachdem sie nach der Geburt des vierten Kindes gebeichtet hatte, die Pille zu nehmen. Der Beichtvater sagte, er könne die Absolution nur erteilen, wenn sie die Pille absetze. Gelegentlich erinnerten sich Beichtende, dass Priester die Absolution verweigerten, so die 1912 geborene Margarete Seemann, nachdem sie gestand, mit ihrem Freund zusammenzuleben. Am peinlichsten sei die Frage gewesen: »Warum gehst nicht zur Kommunion?«

Auch Wissenschaftler bestimmten die eigentliche Funktion der Beichte in der Disziplinierung. Der Religionssoziologe Ernst Troeltsch sah sie in der Tradition eines totalen Herrschaftsanspruchs der katholischen Kirche vom Mittelalter bis ins 20. Jahrhundert. In dem Maße, in dem sie weltliche Macht verlor, sollte die Herrschaft über die Seelen gefestigt werden. Ebenso Urs Altermatt, Spezialist für die Mentalitätsgeschichte des Katholizismus. Herausgefordert durch die Moderne, entwickelte die Kirche eine Abwehrhaltung und nahm »das Gepräge eines rigorosen Moralismus an, der mit Sünde und Tod, Fegefeuer und Hölle und Verdammnis die Gläubigen in Schuldgefühlen gefangen hielt und sie über den Beichtstuhl von der Absolution des Klerus abhängig machte.« Psychoanalytisch Drewermann: Die »totale Abhängigkeit von dem herrschenden System« müsse »dadurch gesichert werden, dass selbst die geheimsten Fehler gebunden werden an die Vergebungsbereitschaft der Gruppe selbst – das Institut der Beichte wird zu einem hervorragenden Herrschaftsinstrument, das gar nicht früh genug in die Seele der Kinder eingepflanzt werden kann.«

Empirisch mit der Beichte befasste sich der Regensburger Pastoraltheologe Jakob Baumgartner. Während 1950 um die Hälfte der regelmäßigen Gottesdienstbesucher (damals gut die Hälfte der Bevölkerung) monatlich im Beichtstuhl kniete, die andere Hälfte zumindest vor Ostern, schrumpfte die Quote in den einstelligen Prozentbereich, obschon vielenorts Beichtgespräche im angenehmen Ambiente eines Beichtzimmers angeboten werden.

Die Gründe dafür sind mannigfaltig. Der Beichtforscher Scheule vermutet, es sei gerade die gesteigerte Beichthäufigkeit im 20. Jahrhundert, »die aus sich heraus ihr eigenes Ende mit verursachte«. In vielen Gesprächen hörte ich: »Ich kann das mit Gott selber ausmachen« – eine Position, die der evangelischen Praxis der Gewissensprüfung in der Abendmahlfeier nahe kommt. Oder: »Dazu brauche ich keinen Priester!« Oder: »Beichten tut man daheim!« – was theologisch nicht abwegig ist. Wie viele Pönitenten erleichterten sich das Gewissen, indem sie dem Beichtvater gestanden, aber nicht der betrogenen Partnerin, dem hinters Licht geführten Kompanion?

Der traditionellen Beichtpraxis abträglich war, was die Synode der Deutschen Bistümer 1974 als »Unschuldswahn« bezeichnete. Schuld sind andere: Gesellschaft, Erziehung. Das schwere Trinken eines Mannes: Weil als Baby zu wenig gestillt. Kirchliche Verlautbarungen halten dieses geringere Sündenbewusstsein selber für sündhaft. Der Kirchenrechtler Georg May: »Seit Jahrzehnten ist ein Heer von Theologen und Katecheten bemüht, die Sünde zu bestreiten oder zu bagatellisieren. Aber der Mensch ist und bleibt ein Sünder.« Johannes Paul II. beklagte 1984 den »Säkularismus,« den »Rausch des Konsums und des Genusses, ohne Sorge um die Gefahr, die eigene Seele zu verlieren«. Dies müsse »notwendigerweise das Sündenbewusstsein untergraben« und die Beichtstühle leeren.

Ein weiterer Grund für den Rückgang der Einzelbeichte war das Angebot von Bußfeiern mit Generalabsolution. Kirchenrechtlich[165] sind solche zulässig, wenn eine schwere pastorale Notlage herrscht, oder zu wenig Beichtväter vorhanden sind. In der Schweiz begannen in den Siebziger Jahren viele Pfarreien, vor Weihnachten und Ostern Bußfeiern anzubieten. Im März 1989 bestätigte die Bischofskonferenz diese bewährte Praxis. Aber 2002 bemängelte dies Johannes Paul II., worauf am 1.1.2009 die Schweizerischen Bischöfe nachgaben. Das persönliche, vollständige Bekenntnis und die Absolution bildeten den einzigen ordentlichen Weg, um sich mit Gott und der Kirche zu versöhnen. Ob dies Gott auch so sieht?

Warum ist dem Vatikan so wichtig, dass die Gläubigen wieder einzeln im Beichtstuhl knien? Und ja nicht »sitzen«, wie ein Teilnehmer im Chatroom »Kreuz.net« insistierte. Auch Benedikt XVI. verlautbarte im März 2010, es sei nötig, in die Beichtstühle zurückzukehren, in einer hedonistischen und relativistischen Kultur erst recht. Aber ging es ihm wirklich darum, Menschen zu einem guten Leben zu verhelfen? Aufschlussreicher ist der Beitrag des Chatters »defendor«. Er reagierte auf die These eines Chatters, der Mensch könne auch ohne Kirche Frieden mit Gott schließen: »Ihr nagender, zersetzender Stolz will nicht erkennen, dass es GOTTES WILLE ist, dass ein sündig gewordener Mensch sich in einer heiligen Beichte – im KOSTBARSTEN BLUT CHRISTI – die Seele wieder reinwäscht.«

Den Stolz eines Menschen – eine der sieben Todsünden, im frühen Mittelalter die schlimmste – zu brechen, ist eines der zähesten Motive von Macht. Dies erinnert an das von Drewermann im Kontext der Beichte zitierte Schauspiel »Jeanne oder die Lerche« von Jean Anouilh. In diesem sagt der Inquisitor der angeklagten Jeanne d'Arc ins Gesicht: »Solange es einen einzigen Menschen gibt, dessen Stolz noch nicht gebrochen ist, solange schwebt die Idee (der Kirche, A. B.) in Gefahr.« Er setzte den Feuertod der jungen Frau durch. Bereits 1456 wurde sie aus machtpolitischen Gründen von der Kirche rehabilitiert und 1920 von Benedikt XV. heiliggesprochen und zur Patronin Frankreichs erhoben.

In katholischen Pfarren ist es üblich, die Kinder im Rahmen der Erstkommunionvorbereitung der Erstbeichte zuzuführen. Gemäß den Richtlinien der Deutschen Bischofskonferenz haben sie zuerst zu beichten, bevor sie an den Tisch des Herrn treten. Am Diözesanforum in Salzburg (1995) wurde darüber gestritten. Erzbischof Eder beharrte darauf, die Beichte müsse, damit die Kinder würdig genug seien, vorangehen. Einzelne Diözesen und Pfarreien entkoppelten Erstkommunion und Erstbeichte, so Innsbruck. Viele Priester, GemeindereferentInnen und Tischmütter bereiten Kinder engagiert und sensibel auf ihre Erstbeichte vor. Es soll keine »Gottesvergiftung« werden. Typischerweise wird das Gleichnis vom »gütigen Vater« erzählt, der den verlorenen Sohn, wie er zerlumpt nach Hause kam, in seine Arme schloss[166].

Ein offizieller Text zur Kinderbeichte findet sich im Gotteslob[167]. Er beginnt mit einem Gebet: »Gott, ich komme zu dir. Denn ich weiß: Du schaust mit Liebe auf mich … Jetzt überlege. Du stehst vor dem heiligen Gott.« Was stellt sich ein Kind in diesem Alter darunter vor? Eine mächtige

Gestalt! Der Text fährt fort: »Gott freut sich, dass du gekommen bist. Er hat auf dich gewartet. Er liebt dich. Er will dir verzeihen … Gott liebt dich: Denkst du auch daran? Dankst du ihm?« Kann ein Kind nach so viel »Gott liebt dich!« etwas anderes sagen als: »Ja!« Sodann wird ein Beichtspiegel ausgebreitet: »Hast du auf deine Eltern gehört? … Bist Du trotzig? Zornig? … Hast du in der Schule gestört?« Wie in der Vergebungsbitte zu Beginn eines Gottesdienstes: Negatives, Unterlassungen! Kein: »Du hast andere froh gemacht, warst ein guter Freund!« Daran schließen sich Bitten: »Guter Gott! Ich möchte gut sein.« – womit gesagt ist: »Ich bin (noch) nicht gut«. Ausdrücklich wird Kindern vorgegeben: »Guter Gott! Ich habe Böses angestellt und kann nicht alles gutmachen. Jesus hat das Böse besiegt. Er ist am Kreuz für mich gestorben und hat sein Blut vergossen zur Vergebung der Sünden. Verzeih mir!« Danach ist vorgesehen, dass die Kinder zum Priester gehen, ihm ihre Sünden bekennen, durch ihn die Lossprechung erfahren, die Buße entgegennehmen (zumeist ein Gebet) und danken: »Gott, mein Vater, du bist gut! Du hast mir durch den Priester die Sünden vergeben. Ich bin so froh darüber. Ich danke dir!«

Wie wirkt dies auf Kinder? Sicherlich davon abhängig, wie ihre Beziehung zur Religionslehrerin, zum Priester ist. Viele erleben ihre Erstbeichte, wenn nachher gemeinsam gegessen oder ein Geschenk ausgepackt wird, als Freudenfest. Gleichwohl ist es ein massiver Eingriff in die Psyche des Kindes, ihm nicht nur Dankbarkeit aufzunötigen, sondern auch Schuld: »Für mich das Blut vergossen!« Psychohygienisch ist zu begrüßen, wenn die Beichte nicht den amtlichen Leitlinien folgt. Sondern wenn ihnen eine große Freiheit des Bekenntnisses eingeräumt wird. »Es geht mir vor allem darum, dass die Kinder das sagen können, was sie einfach bedrückt, was immer es ist«, so der Pfarrer von Amstetten, als Beichtvater vielfach aufgesucht.

Die Beichtpraxis, speziell mit Kindern, ist von schwarzer Katechese (Höllenpredigten) gesäubert worden. Aber die Grundstruktur blieb. Kindern wird Schuld für etwas suggeriert (Tod Christi), wofür sie nichts können. Und es bedarf eines Priesters, sie davon zu befreien. Auch gemäß den fortschrittlichen Richtlinien zur Bußerziehung in der Diözese Innsbruck besteht für Kinder »eine ›Verpflichtung‹ zur (sakramentalen) Wiederversöhnung«, aber »nur bei ›schwerer‹ Sünde«. Obschon die Autoren einräumen, Kinder könnten »kaum (objektiv) schwer sündigen, kann es gut und sinnvoll sein, mit ihnen Versöhnung auch in dieser Form einzuüben.« Warum das so sein soll, wird nicht näher begründet. Beichte muss sein!

An österreichischen Schulen ist es üblich, ganze Klassen durch die Beichte zu schleusen. Heftige Empörung löste in konservativ katholischen Kreisen aus, als die griechische Regierung 2006 die bis dato übliche Beichte, vor Weihnachten und Ostern in den Schulräumen abgenommen, untersagte: »Bisher strömten die Priester vor den Festtagen in die Schulen, um die Kinder von ihren Sünden loszusprechen. Jetzt sollen die Schüler auf ihren Sünden hocken bleiben.« Die Regierung in Athen argumentierte, es sei den Schülern unbenommen, in den Kirchen zu beichten. Prinzipielle Freiwilligkeit der Beichte ist das einzig Vertretbare.

Wo Sünden zu büßen sind: Noch immer Fegefeuer und Hölle

Das Leben in der Kirche beginnt damit, dass in der Taufe die Erbschuld abgewaschen wird. Und es endet mit dem Ritual des

Begräbnisses. Aber auch am offenen Grab: Sünde und Schuld!
Vor einigen Monaten galt es von einer 50-jährigen Bekannten
Abschied zu nehmen, die drei tolle Kinder großgezogen und
schwere Schicksalsschläge überstanden hat. »O Herr, nimm
von ihr Sünde und Schuld!« betete der Priester, als der Sarg
mit Weihwasser besprengt wurde. »Verzeih ihr alles, was sie
aus Schwäche getan oder unterlassen hat!« Zwar auch: »Be-
lohne ihr alles Gute, das sie auf Erden für ihre Mitmenschen
vollbracht hat«, aber nicht: »Sie war eine tolle Frau.«

Gemäß traditioneller Lehre hat die Verstorbene vor ihren
Richter zu treten, von dem erhofft wird, barmherzig zu sein.
Die Vorstellung, dass Tote gerichtet werden, begegnet bereits im alten Ägypten, wo der Gott Thot darüber wachte, ob
das Herz des Verstorbenen (mit den Sünden) nicht schwerer
wog als die Gerechtigkeit (maat): Wenn ja, ewiges Leben,
wenn nein, endgültiger Tod. Die Griechen glaubten, vor die
Totenrichter Minos und Rhadamanthys treten zu müssen.
Und die Christen: Vor Jesus Christus, der die Auferweckten
entweder zu den Schafen auf der Rechten beordert, damit
sie ins ewige Leben eingehen, oder zur Linken zu den Bö-
cken, bestimmt für ewige Strafe.

Katholiken im 21. Jahrhundert haben keinen Begriff, wie
sehr sich Menschen vor der Hölle fürchteten. Wirkungsmächtig war, vor Dantes göttlicher Komödie, die Apoka-
lypse des Petrus: Menschen, die lästerten, werden für ewig
an ihrer Zunge aufgehängt; Dirnen an ihren Haaren; Menschen, die Zins nahmen, waten auf ewig in Kot; Müttern,
die ihre Kinder vernachlässigten, rinnt stinkende Milch aus
der Brust; unzüchtige Männer hangen an ihrem Gemächt.
Bis in die Fünfziger Jahre vertraten Lehrbücher die Ansicht,
die Hölle sei ein finsterer, von Schwefel verpesteter Ort, ihr
Feuer wirklich und brennend heiß. Religionsbücher zeig-

ten Bilder von lodernden Flammen, aus denen sich hilfe-
suchende Arme strecken. Freilich, solche Höllenpredigten
sind rar geworden. Wenn ein Religionslehrer zu solchen
Bildern greift, wird dies als skandalös empfunden. So 2006
im westfälischen Drolshagen, wo ein junger Vikar, aus Salzburg kommend, den Kindern in düsteren Farben von reini-
gendem Feuer erzählte, von Schmerzen und abgebissenen
Füßen, wie von Krokodilen. Viele Eltern meldeten ihr Kind
vom Unterricht ab, weil solche Vorstellungen in der katholischen Kirche längst obsolet seien.

Sind sie es wirklich? Der Weltkatechismus hielt an der
Hölle fest. Wer in Todsünde sterbe, komme »sogleich nach
dem Tod in die Unterwelt, wo er die Qualen der Hölle er-
leidet, ›das ewige Feuer‹«[168]. Die schlimmste Strafe sei die
Trennung von Gott. Die Lehre der Kirche über die Hölle
sei primär »Mahnung an den Menschen, seine Freiheit …
verantwortungsvoll zu gebrauchen«, d. h. nicht jene Taten zu
begehen, die die Kirche als Todsünde deklariert. Verständlich, dass Kirchenkritiker dies auf die Machtausübung Roms
beziehen: »Die Androhung ewiger Höllenstrafen löst Angst
und Schuldgefühle aus, über die man die Gläubigen nur zu
leicht beherrschen kann.« Obschon es evident ist, wie sehr
»Hölle« funktionalisiert wurde, halten auch aufgeschlossene
Theologen an ihr fest: Sie ist nicht mehr ein düsterer Ort,
erfüllt von gellenden Schreien, sondern ein Ort der Einsamkeit, an den keine Liebe mehr dringen kann – so der junge
Theologe Ratzinger.

Viele Katholiken glauben, ihre verstorbenen Angehörigen kämen, als arme Seelen, ins Fegefeuer. Wie es ihnen
dort ergehe, mag besorgen. Besonders bedauert, aber auch
gefürchtet wurden arme Seelen, die umherirren, oft an jenen
Orten, wo sie sich verfehlten. Sie bräuchten Hilfe: Weihwas-

ser, heilige Messen. In erzkatholischen Milieus kursieren bis heute beängstigende Offenbarungen aus dem Purgatorium: »Der Kerker, in dem wir gefangen sind, ist mit menschlichen Worten nicht zu beschreiben und die Schmerzen und Qualen die wir erleiden, sind so groß, so vielfältig und so schrecklich, dass sie keine Feder der Welt zu Papier bringen könnte.« – so im Internet (30. 6. 2010). »Katholische« Chatrooms schildern das Los bestimmter armer Seelen, selbst von Kardinal Döpfner. Der große Konzilstheologe meldete von drüben, er würde, wenn noch einmal auf der Welt, die Volksaltäre aus den Kirchen entfernen und sich der Marianischen Priesterbewegung anschließen. Aber auch: »Wenn die Menschheit wüsste, was die Sünde ist, sie würde in Sack und Asche Buße tun.«

Auch der Weltkatechismus postuliert ein Purgatorium, in das komme, »wer in der Gnade und Freundschaft Gottes stirbt, aber noch nicht vollkommen geläutert ist«[169]. Begründet wird dies mit Gregor dem Großen (600 n.Chr.): Einige Sünden könnten erst in der anderen Welt nachgelassen werden. Angesichts so schmerzhafter Qualen mag es für Gläubige erleichternd sein, für die armen Seelen zu beten, Almosen zu spenden, »Ablässe und Bußwerke für sie darzubringen«[170]. Bis auf den heutigen Tag werden Seelenämter gelesen – die zu kaufen sind –, um die zeitlichen Sündenstrafen im Fegefeuer zu verkürzen. Für Hinterbliebene mag das tröstlich sein, für die Kirche ein Nebenerwerb.

Sechstes Kapitel
Ein kränkelnder Riese?

Vom provinziellen Wanderprediger zur Weltmacht

Vor zweitausend Jahren begann in einer Randprovinz des römischen Reiches ein Wanderprediger die Welt zu verändern. Er verkündigte, das Reich Gottes sei nahe: »Kehrt um und glaubt ans Evangelium«[171]. Er war nicht der einzige Charismatiker, der Jünger faszinierte, die ihm nachfolgten, beeindruckt von seiner Lehre: »Liebet eure Feinde ... Selig sind die Armen ...«[172]. Er heilte Menschen, wenn ihr Glaube stark genug war, überschritt soziale Grenzen, aß mit Geächteten, wurde als Säufer geschimpft und geriet mit der damaligen Glaubensbehörde in Konflikt, nachdem er im Tempel die Geldwechslertische umgestürzt hatte, erst recht. Als diese ihn anklagte, berief er sich auf den, den er »Abba« (Väterchen) nannte, worauf er gekreuzigt wurde. Gemäß dem ältesten Evangelium verstarb er mit dem Schrei: »Mein Gott, mein Gott, warum hast Du mich verlassen!«[173]

Drei Tage später: Frauen, Maria von Magdala, die er mehr liebte, Salome, und die Mutter Maria entdecken das leere Grab, zittern und fürchten sich. Als erster erschien er Maria von Magdala[174], später den Aposteln und schließlich, auf dem Weg nach Damaskus, Saulus. Ohne diesen wäre die Jesusbewegung eine Randepisode geblieben, unbemerkt in den damaligen Zentren der Macht, nicht überliefert von den Historikern. Drei Jahrhunderte später: Das Kreuz wird in der Kaiserstadt offiziell errichtet, es prangt von den Kirchen, und während die römischen Kaiser Macht verlieren, erstarkt die des Bischofs von Rom, auf den alsbald der Titel »Pontifex Maximus« – zuvor dem römischen Kaiser vorbehalten – übertragen wird.

Zwei Jahrtausende später: Das Christentum hat sich über die ganze Welt verbreitet, seine Heilige Schrift ist in 438 Sprachen ganz und in weitere 2454 Sprachen zum Teil übersetzt. 2,1 Milliarden Menschen sind auf den Namen des Vaters, des Sohnes und des Heiligen Geistes getauft, gut jede/r Dritte. Davon gehören mehr als eine Milliarde (1 147 000 000) der römisch-katholischen Kirche an, die die größte christliche Kirche ist. 408 000 Männer verrichten in ihr priesterliche Dienste. 815 237 haben gelobt, in einem der vielen Orden arm, gehorsam und keusch zu leben.

Die katholische Kirche ist der weltweit größte Arbeitgeber: In der Seelsorge arbeiten 4,2 Millionen Menschen, davon 4949 Bischöfe (250 mehr als noch im Jahre 2003, weil fortlaufend neue Bischofssitze errichtet werden), 2,85 Millionen Katecheten, von den vielen ganz zu schweigen, die in kirchlichen Institutionen arbeiten, etwa in einem Bildungshaus kochen.

Geleitet wird die Kirche, mit höchster, universaler und unbeschränkter Rechtsausübung, vom Papst[175], der als »Heiliger Vater« angesprochen zu werden pflegt, obschon Jesus anordnete, wir sollten auf Erden niemanden unseren Vater nennen; denn einer ist euer Vater, der im Himmel«[176]. Er gilt als »Stellvertreter Christi« und wurde auch schon, so im Falle von Pius IX. (1846–1878), als »Vize-Gott« bezeichnet. Vor allem ist er der Nachfolger des Petrus. Eine Spekulation ist es wert: Was würde er, der Fischer aus Galiläa, denken, wenn er in den nach ihm benannten Dom einträte,

voll von Gold und Prunk, an den monumentalen Säulen vo-
rüber hin zum mächtigen Baldachin, der sein Grab über-
ragt. Wir wissen es nicht! Redlicherweise auch nicht, ob der
historische Jesus diese Kirche so gewollt hat.

Aber sie ist! Und sie wächst! Seit 1990 kamen 200 Millionen neue Mitglieder hinzu. Die meisten Katholiken (50 %)
leben in Latein- und Südamerika, wo sie 62 Prozent der
Bevölkerung ausmachen. In Europa stellen sie 40,5 Prozent
aller Einwohner, in Afrika (zunehmend) 16,5 Prozent, in
Asien drei. Während hierzulande die Priesterseminare lee-
rer werden, steigt, weltweit, die Anzahl Priester, am stärksten in Afrika sowie in Asien, während in Europa mit minus
sieben Prozent sowie in Ozeanien deutliche Rückgänge ver-
zeichnet wurden.

Auch finanziell können andere Staaten die katholische
Kirche nur beneiden: »Die blühenden Finanzen des Vatikans« titelte der Stern am 6.9.2007. Im Jahre 2006 überwiesen die Bischofskonferenzen 86 Millionen Euro nach
Rom, vorneweg die US-Amerikaner und die Deutschen, die
den Vatikan zu einem Drittel finanzieren. Viel Geld an die
Kirche überweist der italienische Staat, im Jahre 2006 immerhin 991 Millionen Euro. Hinzu kommen Steuerbegünstigungen für die 10 000 kirchlichen Immobilien: 400 Millionen Euro. Ganz zu schweigen von den Kunstschätzen, deren
Wert kaum zu beziffern ist; die Eintritte in die Vatikanischen
Museen bringen zweistellige Millionenbeträge.

Millionenfach steigende Mitgliederzahlen, Immobilien,
die jeder Wirtschaftskrise trotzen, Steuerbegünstigungen
und nicht offen gelegte Devisen, so im 1943 begründeten
IOR (Istituto per le Opere di Religione, wie die Vatikanbank
offiziell heißt, die viel Geld reingewaschen hat) – dies lässt
optimistisch sein: »Auf diesen Felsen werde ich meine Kir-

che bauen, und die Tore des Totenreiches werden sie nicht überwältigen«[177].

Aber zumindest in Mitteleuropa, wo das meiste Geld für die Kirche aufkommt, präsentiert sich die Situation nicht mehr so rosig. »Kirche im Gegenwind«, lautet eine schonungslose soziologische Analyse von Michael Ebertz. Die katholische Kirche in Deutschland stehe an einem »Wendepunkt« und vor einem »dramatischen Traditionsabbruch«, konstatierte die Reformbewegung »Wir sind Kirche«.

Freilich, wer Hirte über mehr als eine Milliarde Söhne und Töchter ist, wird es relativieren, wenn in Österreich mehr als eine halbe Million Katholiken/innen (fünf Promille) ihre Unterschrift unter ein »Kirchenvolksbegehren« setzen. Aber: Reformwünsche sind ein buchstäblich katholisches Phänomen. Eine im April 2005 durchgeführte Studie der Religionssoziologen Andrew Greeley und Michael Hout zeigte: Selbst auf den Philippinen sprachen sich 51 Prozent dafür aus, dass die Bischöfe durch das Volk gewählt werden.

Katholische Kirche in der Bundesrepublik

Am 31.10.1517 schlug Martin Luther in Wittenberg seine 95 Thesen an die Kirchentüre. Ihm lag an einer Disputation über den Ablass – an dem die katholische Kirche bis heute festhält. Ungewollt löste er eine der nachhaltigsten weltgeschichtlichen Bewegungen aus, die Reformation. Deutschland ist bis auf den heutigen Tag das Land der getrennten Kirchen: Im Süden und Westen überwiegend katholisch (Passau hat einen Katholikenanteil von 89 %), im Norden protestantisch (Hamburg 7 %). Verteilt auf 27 Bistümer und 12080 Pfarren lebten 2008 in Deutschland 25,18 Millionen

Katholiken (30,7 % der Bevölkerung). In etwa gleich stark ist die evangelische Kirche, der 24,83 Millionen angehörten. Die katholische Kirche musste in den letzten Jahrzehnten massive Austritte verkraften, allerdings nicht so stark wie die evangelische Geschwisterkirche, die gemäß Benedikt XVI. (10. 7. 2007) mit »Mängeln« behaftet ist. Ohnehin: Gemäß Richtlinien der Bischofskonferenz (2006) kann man als Getaufter nicht wirklich aus der Kirche austreten, sondern wird Apostat oder Häretiker – und exkommuniziert. Während bis Ende der Achtziger Jahre die Austritte unter der Marke von 100 000 blieben, schnellten sie nach 1990 hoch, um 1992 mit 192 766 einen Rekord zu erreichen. In der Folge flauten sie ab, 2006 auf 84 389, um seither kontinuierlich anzusteigen. Im Umfeld der Missbrauchsfälle eruierten Umfragen, dass jede/r vierte Katholik den Austritt erwägt. Noch gut jeder siebte Katholik besucht regelmäßig den Gottesdienst. Die Anzahl kirchlicher Trauungen reduzierte sich in den letzten zwanzig Jahren um mehr als die Hälfte. Jeder sechste fühlt sich noch als »gläubig kirchennah«, gut ein Drittel »kritisch kirchenverbunden«, und noch ansprechbar für Reformen, den anderen sind auch solche nicht mehr wichtig.

Mit dem Rückgang an Katholiken (und Gottesdienstbesuchern) geht einher, dass zusehends weniger und ältere Priester wirken. 1997 durften 17 911 Männer »Das ist mein Leib« sagen, elf Jahre später 15 Prozent weniger. 2009 traten 161 Männer in ein Priesterseminar ein, von denen ein Drittel abspringt (zumeist in die Arme einer Frau), zwanzig Prozent weniger als vor zehn Jahren. Flächendeckende Seelsorge ist nicht mehr möglich. Viele Priester hetzen von einem Altar zum anderen, ohne danach auf dem Kirchplatz mit den Leuten reden oder zum Frühschoppen gehen zu können. Anders hingegen die Evangelische Kirche, die sich über fehlende Pastoren nicht beklagen kann, was nicht verhindert, dass noch mehr Männer und Frauen austreten – möglicherweise, weil der Individualismus im Protestantismus ausgeprägter ist.

Kirche ist mehr als nur Gotteshäuser, sondern auch gemeinnützige Organisationen, allen voran Caritas. 2008 beschäftigte sie eine halbe Million Menschen, die von ebenso vielen Freiwilligen und Ehrenamtlichen unterstützt werden. Sie unterhält 8398 Kindergärten, 310 Krankenhäuser, 1773 Einrichtungen ambulanter Pflege- und Rettungsdienste. Ohne diese Einrichtungen, die viele Bürger kaum mehr als kirchlich identifizieren, wäre der soziale Friede ernsthaft gefährdet. Seit der Weimarer-Zeit haben kirchliche Arbeitgeber ihren Angestellten gegenüber Sonderrechte. Sie können von ihnen auch in den Schlafzimmern »Loyalität« einfordern. So erklärte das Bundesarbeitsgericht am 16.9.2004 die Kündigung eines katholischen Kirchenmusikers für wirksam, weil dieser nach der Scheidung wieder geheiratet hatte und damit in schwerer Sünde lebe. Auch können die Kirchen eigene Tarifverträge abschließen und sind in letzter Zeit wegen Lohn-Dumping in Schlagzeilen geraten.

Ein Spezifikum der deutschen Kirche sind die weit verzweigten Laiengremien. Katholiken dürfen Pfarrgemeinderäte wählen, die sich vielfältig ehrenamtlich engagieren und den Pfarrer beraten – aber wenn dieser anderer Meinung ist, kann er (demokratische) Beschlüsse kippen. Aus den Pfarrgemeinderäten werden Dekanatsräte gewählt, aus diesen Diözesanräte und schließlich das Zentralkomitee der Deutschen Katholiken (ZdK). Einigen Bischöfen gehen auch diese (pseudo-)demokratischen Gremien zu weit. Bischof Müller in Regensburg hebelte den Diözesanrat aus und ersetzte ihn durch einen Diözesanpastoralrat, dessen Mitglieder vom Kirchenherrscher berufen werden. Das ZdK protestierte gegen diese Rechtsverletzung, der Vatikan stellte sich hinter den Hirten.

Die Zustimmung zur katholischen Kirche unterscheidet sich über diverse Themen hinweg enorm. Hoch ist sie bezüglich Alten- und Krankenpflege, Einsatz für den Frieden (77 %) und die Menschenrechte (68 %). Ein Meisterstück, als Garant derselben wahrgenommen zu werden, obschon die Kirche diese bis heute nicht unterzeichnet hat! Hoch ist die Zustimmung auch bei Wertevermittlung. Viele denken dabei an den Religionsunterricht, das einzige Fach, das durch das Grundgesetz (§ 7,3) garantiert ist. Engagierte Lehrer erteilen ihn vor allem mit dem Ziel, Jugendliche zu einem eigenständigen Urteil in Fragen des Glaubens zu ermutigen, und weniger, sie in der Kirche zu beheimaten. Der Missbrauchsskandal erschütterte das Vertrauen in die kirchliche Bildungsarbeit gewaltig. In einer Umfrage des Fernsehsenders N24 bejahten 68 Prozent: »Schmälert das Bekanntwerden der Missbrauchsfälle Ihr Vertrauen in die Bildungs- und Jugendarbeit der katholischen Kirche?«.

Wenig Zustimmung erhält die – menschenrechtswidrige – Rolle der Frau in der Kirche (19 %), die Diskriminierung von Homosexuellen (17 %), lustfeindliche Sexualdoktrin, Zölibat und Verbot künstlicher Verhütung (13 %), Themen, die Missbrauch begünstigten.

Neben dem Missbrauch brachte auch ein Bischof die deutsche Kirche in eine tiefe Krise: Walter Mixa, ein wahrer Kirchenfürst, zuerst in Eichstätt, dann Augsburg. Als der beliebte Pfarrer Bernhard Kroll im Jahre 2003 an einem ökumenischen Gottesdienst teilnahm, suspendierte ihn Mixa trotz der Lichterketten und Demonstrationen. Personalentscheidungen fällte er nach eigenem Gutdünken. Geld, für Waisenkinder bestimmt, setzte er in Kunstwerke und Wein um, dem er reichlich zusprach, um hernach Interviews zu geben. Hinter dem Missbrauch: die sexuelle Revolution der 68er! Priester und Laien formulierten 2010 in einer Pfingsterklärung: »Rückblickend fragen wir, wie es dazu kommen konnte, dass Dr. Walter Mixa trotz der Warnungen vieler Verantwortungsträger Bischof von Augsburg ... geworden ist. Wir fragen auch, welche systemimmanenten Faktoren dazu beigetragen haben, dass er sein Amt in einer Weise wahrnehmen konnte, die nun viele Wunden und eine tiefe Spaltung im Bistum hinterlässt.« Selbst so ›zahme‹ Sätze erregten Anstoß.

Wenn das Geld in der Pfarre bleibt: Kirche Schweiz

Seit 1506 bewachen Schweizer den Vatikan, die historische Uniformen tragenden Schweizergardisten. Noch vor wenigen Jahren war es für eine Schweizer Familie die größte Ehre, wenn ein Sohn auf den Papst vereidigt wurde. Mittlerweile gibt es Rekrutierungsprobleme und wurde die Mindestgröße der Rekruten heruntergesetzt. In die Schlagzeile geriet die Schweizergarde, als am 4.5.1998 Kommandant Alois Estermann mit seiner Frau angeblich von einem Korporal ermordet wurde, der sich daraufhin erschossen habe. Dessen Mutter veranlasste eine zweite Autopsie, bei der festgestellt wurde, dass die Schusswunde ihres Sohnes einen Durchmesser von 7 mm hatte, seine Dienstwaffe Kaliber 9 mm. Ein Abschiedsbrief des Korporals: gefälscht – eines der vielen Geheimnisse des Vatikans, das wohl nie gelüftet wird.

Die katholische Kirche ist, mit 3 047 887 Gläubigen, die

stärkste Religionsgemeinschaft der Schweiz (41,8 %). Ein weltweites Unikum ist die föderalistische Struktur. Gewählt und angestellt werden Pfarrer und Seelsorger von der Kirchgemeinde, die auch die Kirchensteuer einhebt und einen Teil davon an die Bistumsleitung weiter leitet. Diese Strukturen ermöglichen mehr Mitbestimmung. Als in Röschenz Pfarrer Franz Sabo mit dem Basler Bischof Kurt Koch in Konflikt geriet, weil er fehlenden Reformwillen kritisierte, stellte sich die Kirchgemeinde hinter ihn. Im Oktober 2005 suspendierte der Bischof den aufmüpfigen Pfarrer. Aber Sabo wurde weiterhin von der Pfarre bezahlt und setzte seine Seelsorge fort, bis es 2008 zur Einigung mit dem Bischof kam. In Deutschland, wo die Bischöfe die Gehälter sperren können – undenkbar.

Trotz dieser weltweit einzigartigen Strukturen ist auch in der Schweiz die katholische Kirche in der Krise. Die Austritte stiegen, zumal aufgrund der Missbrauchsfälle. Das Bistum Sankt Gallen verzeichnete in den ersten vier Monaten 2010 um die 1000 Austritte, so viele wie sonst in einem Jahr. Elf Prozent der Katholiken denken »ernsthaft« an Kirchenaustritt, 18 Prozent »ab und zu« – erstmals deutlich mehr als bei den ansonsten loser kirchengebundenen Schweizer Reformierten –, aber deutlich weniger als in Österreich und der Bundesrepublik.

Rückläufig ist die Anzahl der Priester: Von 4492 im Jahre 1978 auf 3091 dreißig Jahre später. Die Kirchenaustrittsneigung ist möglicherweise geringer, weil in etlichen Diözesen auch Laien, Männer wie Frauen, Pfarren leiten, taufen und beerdigen. Wer einen regelmäßig anwesenden Gemeindeleiter kennt, sei er zölibatär oder verheiratet, verlässt weniger leicht die Kirche, als wer einen ›eingeflogenen‹ Priester einmal gesehen hat.

Ein Spezifikum in der Schweiz sind die Strukturen der kantonalen Landeskirchen. Regelmäßig kommen die Synodalen zusammen, beraten Anstehendes (Pastoralpläne, Besoldungen), wählen, entscheiden. Diese demokratischen Formen, wie auch in der Urkirche gelebt, sind vielen Kirchenzentralisten ein Dorn im Auge. Die kantonalen Landeskirchen engagieren sich auch für Kirchenreformen, so die von Luzern, die 2003 eine Erklärung verabschiedete, der Pflichtzölibat sei freizugeben, das Frauenpriestertum zuzulassen. Schon 2002, längst vor den Missbrauchsfällen, hatte die Luzerner Landeskirche eine Broschüre zu sexuellem Missbrauch am Arbeitsplatz Kirche herausgegeben.

Kirche in Österreich: Nicht mehr (ganz) eine Insel der Seligen

Als Bundespräsident Franz Jonas im November 1971 den Vatikan besuchte, lobte Paul VI. die Alpenrepublik als »Insel der Seligen«. Er hatte guten Grund: 90 Prozent der Bevölkerung gehörten der katholischen Kirche an. Rechtlich ist sie durch das Konkordat von 1934 bestens abgesichert. Sie genießt »öffentlich-rechtliche Stellung«, unterhält Privatschulen mit bestem Ruf, deren Personal vom Staat besoldet wird. Sie kann Religionsunterricht an staatlichen Schulen erteilen und ihren Nachwuchs an theologischen Fakultäten ausbilden. In jedem Schulzimmer hängt ein Kruzifix, wohinter eine Mehrheit der Bevölkerung und Politiker steht.

Trotz Jahrhunderte während katholischer Tradition, trotz der immer wieder umgesetzten Parole: »Wir werden die schon katholisch machen« – auch in Österreich erodiert die Kirche. Bis in die Siebziger Jahre stagnierte die Anzahl Katholiken auf hohem Niveau, um seither kontinuierlich zu sinken. Gemäß der Volkszählung 2001 betrug die Quote 73,6 Prozent, 2009 noch zwei Drittel. Als Grund nannte die Kirche die geringere Fortpflanzungsfreude der Österreicher (1,3 Kinder pro Frau). Ursächlicher sind die Kirchenaustritte, bis Ende der Sechziger Jahre 10 000 pro Jahr, seither kontinuierlich steigend. Im Jahr 1995, als Kardinal Hermann Groër zu den Missbrauchsvorwürfen schwieg, waren es mehr als 40 000. In den folgenden Jahren sank die Quote geringfügig, um 2004, als die Skandale im Priesterseminar St. Pölten öffentlich wurden (Kinderpornographie, Homoerotik), mit 52 177 einen neuen Zenit zu erreichen. Wie viele es im Missbrauchsjahr 2010 sein werden, ist offen. Gemäß Prognosen von Kirchenbeitragsstellen wird es ein neuer Rekord.

Das Herz der Kirche ist die Eucharistie, der Katholiken sonntäglich beizuwohnen haben. Im Jahr 1968 erfüllten zwei Millionen ihre Sonntagspflicht, im Jahre 2008 nur noch um die 700 000, überwiegend ältere Mitbürger, sodass sich für die wenigen Kinder die Assoziation einstellt: Kirche = alt. Gleichwohl werden die meisten Kinder getauft. Kaum eine Familie will es verpassen, dass ihr Erstkommunionkind ins weiße Gewand gekleidet wird; nur die wenigsten gehen am darauf folgenden Sonntag in den Gottesdienst.

Die Sakramente, von denen Wiederverheiratet-Geschiedene offiziell ausgeschlossen sind (verständnisvolle Seelsorger sehen darüber hinweg und erlauben auch Patenschaften, wenn Männer und Frauen, neu liiert, in »schwerer Sünde« leben), werden von immer weniger Priestern gespendet. 1981 wirkten 5677 Welt- und Ordenspriester, im Jahre 2008 noch 3818. Die Diözesen sehen keine andere Wahl, als Pfarreien zu Seelsorgeverbänden zusammenzulegen.

Im ersten Halbjahr 2010 wurden 24 Weltpriester geweiht,

hinzukommen einige Ordenspriester. Noch vor wenigen Jahren waren es im Schnitt 35, die sich vor den Altar hinlegten. Gemäß meinen Erfahrungen sind die meisten enorm gutwillig, aber vielfach mehr als traditionsbewusst, oft schüchtern, etwa neben Studentinnen. In einer Prüfung gefragt, was sich ein Kind unter der Formulierung »Gott hat unter uns gewohnt« wohl vorstelle, antwortete einer: »Dass er im hochheiligsten Tabernakel wohnt.« – Wie es ihm im Religionsunterricht ergehen wird?

Kirche ist auch Bildung. Nahezu jedes zehnte Kind besucht eine der 335 katholischen Privatschulen. Viele Eltern reißen sich um einen Platz für ihr Kind, weniger weil Eucharistiefeiern stattfinden, sondern weil die pädagogische und unterrichtliche Qualität hoch ist. Gut gesichert ist der Religionsunterricht, dessen Note im Zeugnis an erster Stelle steht. In der Volksschule bewegen sich die Abmeldungen im Promillebereich. Anders an den Gymnasien, mitunter bis zur Hälfte einer Klasse. Seit 1997 werden Schulversuche in Ethik geführt, die den Religionsunterricht stabilisieren (weniger Abmeldungen), aber noch nicht ins Regelschulwesen überführt sind – das einzige Land der EU, in dem dies nicht geregelt ist. Die Religionslehrer favorisieren einen Unterricht, der Lebenshilfe anzielt, religiöse Toleranz, Allgemeinwissen, Gott im Leben zu entdecken. Nur eine Minderheit intendiert, dass sich die Schüler nach der Moraldoktrin der Kirche verhalten und zu ihr und ihren Heiligen eine Beziehung aufbauen. Zu einer der am häufigsten empfundenen Belastungen der Religionslehrer gehört das ramponierte Image der Kirche, nach den Missbrauchsfällen umso mehr.

Eines der stärksten Lebenszeichen der mitteleuropäischen Kirche ging von Österreich aus, das Kirchenvolksbegehren aus dem ›Heiligen Land‹ Tirol.

Siebtes Kapitel
Kirchenvolksbegehrer? Bewundernswert trotzende Kinder

Der 25.3.1995, ein Sonntag, wie für den beginnenden Frühling typisch, der Himmel schon lichter. Doch für die Kirche in Österreich kein Sonntag wie jeder andere, dunkles Gewölk zog auf. Die Nachrichten kündigen einen Bericht des Nachrichtenmagazins »Profil« an. Kardinal Groër, seit 1986 Erzbischof von Wien, habe sich als Religionslehrer in der Internatsschule Hollabrunn an Schülern vergangen, so dem mittlerweile 35-jährigen Josef Hartmann. Die Hände, die auch den Kelch zur Konsekration erhoben, hätten mit Seife die Genitalien des Internatsschülers gewaschen, um ihn vor Vorhautentzündung zu bewahren. Der Internatszögling hatte sich an seine Eltern gewandt, worauf die Mutter erwiderte, er solle das dem Rektor sagen, der Vater, Mesner in einem kleinen Dorf: »Fang mir ja nichts an und sag' nichts. Du hast keine Chance.« Der Kardinal, innigster Marienverehrer – ein Päderast?! Das durfte nicht sein!

In einer ersten Stellungnahme bemühten die Weihbischöfe Helmut Krätzl und Christoph Schönborn den Vergleich mit den Methoden, die die Nazis in den Denunziationsprozessen gegen Priester angewandt hatten. Sie beschworen, es gehe »um die Würde eines Menschen, die Ehrfurcht vor seinem geistlichen Amt«, und »Österreich!« Wären auch solche Töne angeschlagen worden, wenn der Angeschuldigte ein liberaler Politiker gewesen wäre? Das Opfer wurde Täter! Er hatte, wie andere Missbrauchte auch,

Jahre gebraucht, um sagen zu können, was ihm unter der Dusche widerfahren war. Auslösend war die Fastenpredigt des auf Burschen erpicht gewesenen Kardinals, in der er Homosexuellen androhte, nicht in die Seligkeit einzugehen. Fernsehteams aus vielen Ländern reisten in die Alpenrepublik. Die Journalisten berichteten von weiteren Missbrauchsvorfällen, so dem Pfarrer von Elixhausen bei Salzburg, der aber um Verzeihung bat – was ihm das Opfer abnahm, die Bevölkerung auch.

Anders Kardinal Groër! Er schwieg! Und beteuerte auch nicht: »Ich war es nicht« oder »Es war ganz anders!«, was möglicherweise mehr Katholiken geglaubt hätten als den Vorwürfen des kleinen Josef Hartmann. Diesem wurde alsbald nachgesagt, aus Rachsucht gehandelt zu haben, weil er 1988 bei der Erzdiözese Wien einen Posten nicht erhielt. Noch 2009 wurde Hartmann im Chatroom des erzkatholischen »gloria tv« als »psychisch kranker Typ« desavouiert.

Der Kardinal schwieg! Aber nicht alle »Schäflein«, denen Papst und Bischöfe »Hirtenbriefe« zu schreiben pflegen, blieben stumm. So der 39-jährige Thomas Plankensteiner, Religionslehrer in Innsbruck, der mit Freunden und Freundinnen, die den selbstinszenierten Imageverlust der Kirche nicht mehr mit ansehen konnten, das Kirchenvolksbegehren initiierte. In Sitzungen bis tief in die Nacht beschlossen sie fünf Forderungen:

1. Aufbau einer geschwisterlichen Kirche: Gleichwertigkeit aller Christen, Mitspracherecht bei Bischofsernennungen
2. Volle Gleichberechtigung der Frauen, einschließlich Zugang zum Priesterinnenamt
3. Freie Wahl zwischen zölibatärer und nicht-zölibatärer Lebensform

4. Positive Bewertung der Sexualität als wichtiger Teil des von Gott geschaffenen und bejahten Menschen

5. Frohbotschaft statt Drohbotschaft

Die Unterschriftenaktion begann am 3. 6. 1995, dem Todestag des Konzilspapstes Johannes XXIII.

Ich selbst, seit zwei Jahren in Österreich lebend und aus der fortschrittlichen Diözese Basel kommend, wo Laien predigen und taufen durften, war begeistert. Und erzürnt, als ein Aushilfspriester predigte: »Dieses Begehren kommt nicht vom Heiligen Geist. Es ist Ungeist!« Grund genug, sich für das Volksbegehren zu engagieren, Unterschriften zu sammeln. Im Festzelt des Fußballturniers der Dorfvereine. Mehr als 150 Männer und Frauen unterschrieben. »Natürlich sollen Pfarrer heiraten dürfen, die können es ja auch nicht aus sich schwitzen!« – so ein älterer Flachgauer. »Die Kirche muss ein wenig weltlicher werden«, eine Achtzigjährige. Vereinzelt Bedenken: »Das mit den Frauen am Altar schaut mi nit so gscheit an. Aber i unterschreib doch!«

Das Kirchenvolksbegehren wurde ein bombastischer Erfolg. Anstatt der erhofften 100 000 kamen 507 930 Unterschriften zusammen. Der Initiator Thomas Plankensteiner gab sich überzeugt, »dieses Signal kann von der Kirchenleitung nicht überhört werden« und sei ein Zeichen, »dass die Entwicklung unserer Kirche einer breiten Basis nicht gleichgültig ist«. Kirchliche Hierarchen reagierten weniger begeistert. Andreas Laun, im Frühjahr 1995 zum Salzburger Weihbischof ernannt, meinte, das Vorgehen der Kirchenvolksbegehrer »schadet dem Volk Gottes, ...ein schwerer Verstoß gegen den geschwisterlichen Umgang der Christen miteinander«, der faktisch zumeist autoritär-paternalistisch ist.

Im Oktober 1995 traf sich die »Plattform Kirche« in Salzburg. Im Vorfeld hatte der Salzburger Erzbischof Georg Eder untersagt, dass sich die Kirchenvolksbegehrer in kirchlichen Räumen versammeln. Damals zuständig für die Räume an der Theologischen Fakultät war für mich klar: Wir öffnen die große Aula. Hunderte kamen, putschten sich hoch zu »Wir sind Kirche, wir können etwas verändern«. Hunderte, eher über 40, mit Erinnerungen an die Kindheitsjahre, in denen viele Pfarreien das Zweite Vatikanum umsetzten und Kirchenfrühling herrschte. Das Treffen in Salzburg fand im Herbst statt – die treffende Jahreszeit für das Kirchenvolksbegehren, wie sich schon bald heraus stellte.

In der Folge griff das Kirchenvolksbegehren auf andere Länder über: Südtirol, wo 18 000 unterschrieben; Deutschland: 1,8 Millionen. Mittlerweile ist die Reformbewegung, die sich am 23. 11. 1996 in Rom zur »Internationalen Bewegung ›Wir sind Kirche‹« zusammenschloss, in 22 Ländern auf drei Kontinenten aktiv. In ungebrochenem Elan setzte »Wir sind Kirche« Aktionen: Frauen, die in der Messe eine lila Stola tragen, Herdenbriefe, der erste zur Sexualmoral, Symposien etc.

In einem Brief an die deutschsprachigen Bischöfe äußerte Kardinal Ratzinger, »große Sorge« und ersuchte, »die Entwicklung dieser Gruppen ... zu verfolgen ... und Vorkehrungen zu treffen, damit sich die Gläubigen ... nicht aktiv daran beteiligen«. Dieses demokratische Kirchenmodell sei »unannehmbar«.

Die österreichische Bischofskonferenz sah Handlungsbedarf und rief im April 1997 einen »Dialog für Österreich« aus, um noch im gleichen Herbst zu verlautbaren, die Themen des Kirchenvolksbegehrens sollten ausgeschlossen bleiben – Dialog auf kirchlich! Unter den Bischöfen war nur eine Ausnahme: Reinhold Stecher in Innsbruck, der am 13.12.1997, kurz vor seiner Pensionierung, in einem Brief deutliche Worte fand. Rom habe das Image der Barmherzigkeit verloren, die Kirchenleitung weise »ein theologisches und pastorales Defizit« auf, behandle die Laien »als widerwillig zugelassenen Notnagel für ein paar Funktionen« und verhalte sich gegenüber verheirateten Priestern hartherzig, weil deren Dispensgesuche bis zu zehn Jahre lang liegen würden: »Mit diesem Image wird die Kirche im 3. Jahrtausend keinen Stich machen«. Der Salzburger Erzbischof Eder fühlte sich bemüßigt, für diese »unverständliche Härte« seines Amtsbruders beim »Heiligen Vater« um Verzeihung zu bitten.

Am 26.10.1998 fand in Salzburg der »Dialog für Österreich« statt und es wurden Meinungsbilder erhoben. Mehrheitlich fanden die Forderungen des Kirchenvolksbegehrens überwältigende Zustimmung. Nicht abgestimmt werden durfte über die Frauenordination sowie den Zölibat – Tabuthemen, was die insgeheime Einstellung gegenüber Frauen und Sexualität offenbart. 210 der 269 Delegierten wünschten sich eine Fortsetzung des Dialogs. Vergeblich, obschon dies die Kirchenleitung versprochen hatte.

Im Jahre 2003 fragte die neue Vorsitzende der Plattform »Wir sind Kirche«: »Was wurde aus Ihrer Unterschrift?«

Keine einzige Forderung wurde erfüllt, im Gegenteil. Die Kluft zwischen Laien und Klerus vertieft, der ständige Diakon der Frau vom Tisch gefegt, der Zölibat bekräftigt, Wiederverheiratet-Geschiedene weiterhin ausgegrenzt. In vielen Diözesen wurden den ›Schafen‹ Hirten vorgesetzt, die dies demokratisch nie geworden wären. So Ludwig Müller in Regensburg, der kirchenkritische Priester und Laien abstrafte. Als 2009 drei Professoren der Theologischen Fakultät eine Petition unterschrieben, die Kirchenleitung solle sich an das Zweite Vatikanische Konzil halten, drohte er ihnen massiv und forderte, sie müssten sich beim »Heiligen Vater« entschuldigen, nicht beim »Bischof von Rom«, sondern beim Papa.

Aktiv wurden auch die Schweizer Katholiken. Im Bistum Basel etablierten sie 2005 eine »Tagsatzung«, ein urdemokratisches Gremium, das für mehr Freiheit in der Kirche kämpft: »Ihr habt nicht Untertanengeist bekommen, so dass ihr euch wieder fürchten müsst«[178]. Engagierte Katholiken setzen sich ein »für eine lebendige, kommunikative Kirche im Bistum Basel, in der Schweiz und in der Welt«, für das Priesteramt der Frau, die Freigabe des Zölibats, für eine Kirche ohne Ausgrenzungen und für jene Frauen, die 2002 auf einem Donauschiff zu Priesterinnen geweiht wurden, und alsbald exkommuniziert.

Die Kirchenvolksbegehrer mussten in den letzten Jahren viele Demütigungen hinnehmen. Der Journalist Guido Horst bezeichnete die Mitglieder von »Wir sind Kirche« als »Kirchennörgler«, die »heute ergraut und geistig kinderlos« blieben. Wiederholt erfolgten Ausgrenzungen. Als im Mai 2005 »Wir sind Kirche« in der Salzburger Dombuchhandlung einen »Herdenbrief« präsentieren wollte, weigerte sich die Bistumsleitung, den Kirchenvolksbegehrern, die der Kirche ja nur helfen wollen, sie noch »begehren«, die Türen der Buchhandlung zu öffnen. Massivere Ausgrenzungen erlebten Christen in Regensburg. Dem Religionslehrer Paul Müller wurde 2006 angedroht, die kirchliche Lehrbefugnis zu verlieren, wenn er sich zum Vorsitzenden der regionalen Abteilung »Wir sind Kirche« wählen lasse. Er tat es, nahm den Entzug der Lehrbefugnis in Kauf und legte einen Rekurs ein. In einem Vatikanischen Dekret vom 13.3.2006 wurde dieser abgelehnt. Nicht mehr Religion unterrichten dürfen, nur weil dafür engagiert, dem Plausibilitätsverlust der Kirche entgegenzuwirken!

Noch immer gibt es einen harten Kern – vielleicht letzten Rest – von Kirchenvolksbegehrern. So die Innsbrucker Religionspädagogin Martha Heizer. Oder die Geschäftsführerin der Plattform »Wir sind Kirche« von 1997 bis 2004: Ingrid Thurner, die sich Zeit ihres Lebens für eine glaubwürdigere und offenere Kirche engagierte – am 13. 3. 2008 verstarb sie in tiefer Solidarität zu einer Kirche, deren amtliche Vertreter sie zu einer Outsiderin gestempelt hatten. Im Vorfeld des Papstbesuches 2007 rief »Wir sind Kirche« dazu auf: »Was möchten Sie Papst Benedikt XVI. sagen?« 352 Männer und Frauen machten davon Gebrauch und nannten genau jene Reformanliegen, die das Kirchenvolksbegehren schon mehr als zehn Jahre lang verfolgt.

»Ich ersuche Sie, wieder als ›oberster Brückenbauer‹ zu wirken und nicht Mauern gegenüber unseren Schwestern und Brüdern in aller Welt (wie insbesondere gegenüber den Indigenen in Lateinamerika, den homosexuellen Menschen, den Wiederverheirateten Katholikinnen und Katholiken, den evangelischen Christinnen und Christen, den Menschen muslimischen Glaubens) aufzurichten.«

In einer Presseaussendung, wenige Tage bevor der Papst in die Alpenrepublik flog, konstatierte der Vorsitzende der Plattform »Wir sind Kirche«, Peter Hurka, alle Reformvorschläge, die die Glaubwürdigkeit der Kirche steigern könnten, seien abgelehnt worden: »Ohne argumentativ auf die Vorschläge einzugehen, haben sie (die Bischöfe, A. B.)

immer wieder darauf verwiesen, über Reformen müsse die Weltkirche entscheiden.« Gleichwohl zeigte er sich zuversichtlich: »Nun kommt mit Benedikt XVI. der oberste Repräsentant unserer Weltkirche nach Österreich. ›Wir sind Kirche‹ schlägt ... erneut einen systematischen und zielgerichteten Dialog vor, bei dem über die Fragen des ›Kirchenvolks-Begehrens‹ gesprochen werden könnte. Mit dem Papst könnten die ersten Schritte eingeleitet ... werden.«

Hurka formulierte im Konjunktiv und behielt Recht. Der Papst kam, hielt Ansprachen, aber keine Aussprachen, und ging. Verständlich: Die herbe Enttäuschung vieler Kirchenleute:

»Ihr Besuch hat den wachen Christen deutlich vor Augen geführt, wie weit die Kirchenleitung von der Basis entfernt ist. Merkt diese Kirchenleitung denn nicht, dass die engagierten, intelligenten, verantwortungsbewussten, begabten Christen — vor allem Frauen — mit dieser Kirche nicht mehr können? Wollen Sie zuschauen, wie auch die letzten Getreuen ausziehen und ein Häuflein ›Benedetto-Rufer‹ zurückbleibt?«

Zu diesen Enttäuschten gehört Andreas Khol, ehemaliger österreichischer Nationalratspräsident, »überzeugter Katholik«. Er ist Mitbegründer der kritischen »Laieninitiative«, in der sich, seit 2008, auch Herbert Kohlmaier engagiert, früherer Generalsekretär der ÖVP und Volksanwalt. Das brennendste Motiv ist die Gewährleistung der Seelsorge in den Pfarreien, die aufgrund des Priestermangels und der Vergreisung schwieriger wird. Aus diesem Grunde forderte die Laieninitiative, von mehr als 12 000 Österreichern und Österreicherinnen unterstützt, jene Priester zu »reaktivieren«, die geheiratet haben und ihr Amt verloren. Der Zölibat sei freizugeben, Frauen sollten zu Diakoninnen geweiht und »viri probati« (im Glauben und in der Lebensführung bewährte Männer) zu sakramentalen Handlungen beauftragt werden.

Das entsprechende Memorandum wurde am 4. 6. 2009 dem Vorsitzenden der Österreichischen Bischofskonferenz überreicht. Khol: »Abgeblitzt sind wir beim Kardinal, mit viel Verständnis und unter Berufung auf Rom. Die Kirche ist ja völlig autoritär organisiert, die Autorität ist der Papst«.

Auf einer Pressekonferenz am 22. 3. 2010 schlug Kohlmaier harschere Töne an. Die Leitung der Kirche füge dieser schweren Schaden zu, sei ihrer Aufgabe nicht gewachsen, wäre in einer Demokratie schon längst abgewählt, in der Privatwirtschaft ganz zu schweigen. Er forderte auf, »auf breiter Front geordneten Widerstand zu leisten«. Für Erzkatholiken ein Sakrileg: »Herr Kohlmaier, und Sie wollen Katholik sein? Sie sind ein Häretiker, der die Kirche mit seiner Laien-Initiative zerstören will und sind dabei in guter Gesellschaft mit den Atheisten. Für Sie gilt, sofern Sie überhaupt noch an die Bibel als Gottes geoffenbarte Wort glauben, Mt 7,15 ›Hütet euch vor den falschen Propheten; sie kommen zu Euch wie harmlose Schafe, in Wirklichkeit aber sind sie reißende Wölfe!‹«

Die Tragik der Kirchenvolksbegehrer ist, dass sie in den gleichen Strukturen bleiben und diese möglicherweise zementieren. Indem sie den Hirten einen »Herdenbrief« entgegenwerfen, lassen sie sich auf das problematische Modell von Hirten und Herde ein. Sie verbleiben im Status trotzender Kindschaft, in der Kirchenpubertät. Hat Rudolf Kuhr, der Verfasser der Glosse »KirchenvolksBegehren: Was würde Jesus dazu sagen?« nicht recht, wenn er Jesus zunächst das Anliegen dieses Begehrens schildern lässt, dann aber fortfährt: »Wisst ihr, was ihr da tut? Ihr verhaltet euch wie unmündige Kinder, die ihre Eltern verändern wollen, weil sie sich von ihnen noch nicht abgenabelt haben. Ich aber sage euch heute: Ich habe nie eine Kirche gewollt, weil der Zugang zum Kern meiner Botschaft durch eine solche Institution erschwert … wird. Ich will das Heil des Menschen. … Ich sage Euch heute: Versucht nicht, Eure Mutter (die Kirche, A. B.) zu verändern, verändert euch selbst … werdet selbständig und unabhängig, werdet mündig …«

Andererseits: Noch vor zwei Jahren wäre es undenkbar gewesen, dass der Wiener Erzbischof eine Einladung von »Wir sind Kirche« angenommen hätte. Christoph Schönborn stand am 31. 3. 2010 im Wiener Stephansdom einem Klage- und Bußgottesdienst für die kirchlichen Missbrauchsopfer vor, den Kirchenvolksbegehrer mitgestalteten. Der Kardinal redete im Hinblick auf die von Priestern missbrauchten Kinder deutlich: »Wir bekennen, dass wir die Wahrheit nicht erkennen wollten.« – Vielleicht wird dies schon bald über die jetzige Reformbedürftigkeit der Kirche gesagt.

Achtes Kapitel
Zukunft der Kirche?

Wie wird es mit der katholischen Kirche weitergehen? Aber: Welche Kirche? Kirche ist Wigratzbad im Westallgäu, wohin jährlich Zehntausende pilgern, um zur »Unbefleckt empfangenen Mutter vom Sieg« zu beten und die Kommunion aus den Händen marianischer Priester auf die Zunge zu empfangen. Kirche ist auch das TheologInnenzentrum an der Universität, wo die Bücher feministischer Theologinnen ausliegen, welche noch hoffen, die reguläre Weihe von Frauen mitzuerleben. Kirche ist die Mitternachtsmette an Weihnachten, bis auf den letzten Platz besetzt und verdunkelt, im Kerzenschein alle durch »Stille Nacht, heilige Nacht« miteinander verbunden. Kirche sind auch katholische Kindergärten, wo Erzieherinnen biblische Geschichten erzählen und Kindern Liebe schenken, durch die sie wachsen.

Schon diese wenigen Skizzen verdeutlichen, wie schwierig eine konsensfähige Reform des Kirchenschiffes ist. Dieses strebt gleichzeitig zurück in einen sicheren Hafen, wo hohe Molen von der bedrohlichen Welt abschirmen, und hinaus ins offene Meer, neuen Ufern entgegen, wie weiland Paulus. Reformen bergen Spaltung in sich. Nachdem das Zweite Vatikanum die Liturgiereform vollzogen hatte, spalteten sich unter Erzbischof Lefebvre diejenigen ab, die auf das lateinische Hochgebet nicht verzichten konnten und dem Konzil Verrat an der Tradition unterstellten. Reformen haben aber auch das Potenzial in sich, wegdriftende Gruppierungen zurückzuholen und erlahmende Begeisterung neu zu beleben.

Aktuell ziehen sich viele Katholiken in ein traditionalistisches Ghetto zurück, geschart um Papstporträts und weißblaue Marienfiguren. Viele Entscheidungen der beiden letzten Päpste haben sie darin bestärkt. Eine solche Kirche hat Zukunft, nicht mehr als Volkskirche, sondern als ›heiliger Rest‹ mit sektenähnlichen Zügen. Nicht auszuschließen sind Reformen, bestenfalls an einem Dritten Vatikanischen Konzil, wozu nicht nur Kirchenkritiker wie Hans Küng aufgerufen haben, sondern Anfang Juli 2010 auch der emeritierte Bischof von Sacramento, Francis Quinn. Dieses Konzil sollte sich vorrangig mit Problemen der Sexualmoral befassen, die sich »zu weit von der Realität der Menschen entfernt« habe – worauf sogleich kritisiert wurde, die Menschen hätten sich von »Gott« entfernt. Welche Reformen ein solches Konzil setzen könnte, wird kurz erörtert, bevor ein Ausblick auf die religiöse Natur des Menschen erfolgt: Spiritualität wird bleiben, auch wenn die katholische Kirche in ihrer jetzigen Verfasstheit untergehen sollte, wie das römische Reich auch.

Heilige Reste?

Am 19.6.1998 besuchte Johannes Paul II. Salzburg. Angekündigt war seine Fahrt vom Flughafen zum Dom für die Mittagszeit. Schon vor acht standen singende Christen neben dem Festspielhaus, Transparente hochhaltend: »Heiliger Vater, wir lieben dich … wir folgen dir … Neokatechumenen aus Bayern«. Wie das Papamobil, von schweren

Motorrädern eskortiert, an ihnen vorbeifuhr, darin der weiß gekleidete Oberhirte, neben ihm der Ortsbischof, demütig den Kopf gesenkt, gingen sie in die Knie und bekreuzigten sich, auch die Buben in Lederhosen und Mädchen im Dirndlgewand.

Das Neokatechumenat, intensive Glaubensunterweisung für Katholiken, die schon getauft sind, wurde 1964 von Kiko Argüello und der ehemaligen Nonne Carmen Hernández in den Armenvierteln Madrids ins Leben gerufen. Sein selbsternanntes Ziel: »Die Gläubigen stufenweise zur Intimität mit Jesus Christus führen und sie zu aktiven Gliedern der Kirche machen«. Die Bewegung, mittlerweile auf allen Kontinenten verbreitet (gemäß eigenen Angaben 20 000 Gruppen in 5500 Pfarreien) ist idealtypisch für einen Katholizismus, der sich ghettoisiert.

Neokatechumenen schließen sich zu überschaubaren Gruppen zusammen. Sie treffen sich wöchentlich zu einer Eucharistiefeier, die ursprünglich nur Eingeweihten zugänglich war, was die Glaubenskongregation beanstandete, als sie die Rechtmäßigkeit der Statuten prüfte. Johannes Paul II., erfreut durch die missionarischen Impulse in einem entchristlichten Europa, bestätigte sie 1990. Anders als in der üblichen Messe legen die Neokatechumenen vor der Predigt persönliche Zeugnisse ab, auch in der Form von Schuldbekenntnissen, was die soziale Kohäsion dieser streng autoritär geführten Gebilde ähnlich festigt wie bei den Zeugen Jehowas. Die wichtigste Tugend, so der Gründer Kiko in seinen Richtlinien: »Vollkommener Gehorsam. Denn wo es keinen Gehorsam gegenüber dem Katechisten gibt, gibt es keinen katechumenalen Weg.«

Ghettoisierung erfolgt auch weltanschaulich. Die Bewegung versteht sich als Gegenwelt. Die faktische Welt, dem

Untergang geweiht, sei des Teufels, beherrscht von Relativismus, Hedonismus und dem Götzen Geld, was aber nicht davon abhält, Mitglieder anzuhalten, zehn Prozent ihres Gehalts an den Katechisten zu überweisen.

Problematisiert werden Ehe und Familie: »Die Ehe ist für uns die Lebensgemeinschaft zweier Feinde«, verlautbarte ein Neokatechume. Und die beste Liebe für Kinder sei, ihnen wenig Zuwendung zu schenken, sie nicht mit Liebe »zu schädigen« – so der Gründer Kiko ausdrücklich. Und besonders schlecht: Alles, was mit der »Sünde des Fleisches« zu tun hat, der Sexualität; sogar natürliche Empfängnisregelung wird abgelehnt. Wer die sicheren Tage ausnützt, dürfe nicht »Vater unser« beten. Am Beginn des neokatechumenalen Weges, der frappant der Rekrutierung in Sekten ähnelt, steht die selbstzerknirschende Demütigung, dass der Mensch sündhaft sei. »Kiko fordert die Mitglieder zum Gebet auf: ›Kannst Du nicht sehen, dass ich gestrauchelt bin, dass ich betrunken war … masturbiert habe? Siehst du nicht, was für ein Scheusal ich bin?‹« In dieser geschickt inszenierten Demütigung wird das »glorreiche Kreuz« als Heilsweg angeboten, erreichbar über den neokatechumenalen Weg.

Verworfen wird auch sozialpolitisches Engagement, weil nur Gott die Welt verändern könne. Aber damit steht das Neokatechumenat in eklatantem Widerspruch zur katholischen Kirche, die die Welt mit sozialethischen Impulsen humanisieren will. Und doch: Die Amtskirche anerkannte diese Bewegung mit ihren teils schlicht pathologischen Ansichten (Liebe zu Kindern: sie vernachlässigen!). Kein Geringerer als der jetzige Papst half mit, dieser Bewegung den Weg nach Deutschland zu ebnen. Kardinal Schönborn würdigte in einer Predigt vom 24.10.2008 im Stefansdom

das Neokatchumenat – und weitere ähnliche Bewegungen –
als »Geschenk Gottes«. Er war auch an einer Erklärung von
neun Kardinälen und 160 Bischöfen beteiligt (April 2008),
in der der neokatechumenale Weg als »Gnade des Heiligen
Geistes« gepriesen wurde, als wegweisende »Antwort auf
die dramatische Situation der Entchristlichung Europas«.

Aber: Wird Europa nicht dann entchristlicht, wenn eine
Ideologie gefördert wird, die Ehe zur »Feindschaft« perver-
tiert, Beichte zum Tribunal, Erziehung zur Vernachlässi-
gung der Kinder? – Jesus legte ihnen zärtlich die Hände auf.

Zwar äußerten hochrangige Kirchenvertreter Kritik an
dieser Bewegung, die in viele Pfarreien Spaltung brachte
und bringt, so der Mailänder Erzbischof Kardinal Martine
oder der Londoner Kardinal Hume, der sich weigerte, 15
neokatechumenale Priesteramtskandidaten zu weihen. Aber
mehrheitlich begünstigt die Kurie diese Gruppierung. Denn
sie unterstützt die restriktive Sexualdoktrin des Vatikans
ebenso wie die infantilisierende Gehorsamsideologie. Darüber hinaus gründete diese Bewegung 73 Priesterseminare,
aus denen um die 1000 Priester hervorgegangen sind, die
sich kaum zu den Kirchenvolksbegehrern schlagen, ebenfalls nicht die 2000 neokatechumenalen Priester aus diöze-
sanen Seminaren sowie die 5000 Frauen, die Bräute Christi
wurden.

Das Neokatechumenat ist nicht die einzige geistliche Bewegung, die sich eng an den Papst schart und Neuevangeli-
sierung anzielt. In der Bundesrepublik sind um die siebzig
Gruppierungen aktiv, schon seit Jahrzehnten die Fokolar-
bewegung, während dem Zweiten Weltkrieg von Chiara Lu-
bich begründet und stark engagiert in Sozialprojekten und
Jugendarbeit. Oder das Fatima Weltapostolat, in der Bundesrepublik mit Sitz am Petersberg in Fulda, 1946 vom ame-

rikanischen Pfarrer Colgan begründet, der »blaue Armeen«
mobilisierte, die täglich den Rosenkranz beten, damit apo-
kalyptische Prophezeiungen nicht eintreten und so viele
Menschen wie möglich nicht in die Hölle gestoßen werden.
Wie unterschiedlich diese Bewegungen auch sind, sie
weisen gemeinsame Aspekte auf. Nicht nur eine starke innere emotionale Bindung, hohes Engagement, vielfach auch
sozial und karitativ, sondern auch Fixierung auf die kirchliche Hierarchie, speziell den Papst: (»Da wo Petrus ist, da
ist Kirche«), intensive Marienfrömmigkeit, Sexualität nur
gemäß katholischer Doktrin, wenn überhaupt, und kindliche Züge. Michael Hesemann, Mitorganisator der Pro Papa
Kundgebungen am Münchner Katholikentag 2010 sowie in
Köln, predigte: »Papst! Wir brauchen ihn, wie eine Familie einen Vater braucht und wir lieben ihn, wie man einen
Vater liebt!« Das alles ist authentisch, engagiert, zu respek-
tieren, aber erinnert aufgeklärte Christen unweigerlich an
Sigmund Freud, der es bedauerte, dass so viele Erwachsene
in solch kindlicher Abhängigkeit verbleiben, die von Rom
gern gesehen wird.

Diese erzkatholischen Nischen sind resistent und immun
gegen Kritik. Die meisten Zeitgenossen sehen in den 2010
bekannt gewordenen Missbrauchsfällen die schwerste Krise
der Kirche, die das Vertrauen in sie zutiefst erschütterte.
Ganz anders Hesemann in seinem Artikel »Wir brauchen
heilige Priester!«, nachzulesen in kath.net. Er deutete sie als
»Wink der göttlichen Vorsehung«, um den der Papst noch
nicht habe wissen können, als er das Priesterjahr ausrief.
Zwar sei Kindsmissbrauch »abscheulich«, wenn von Priestern begangen erst recht. »Ein Priester, der in dem Bewusstsein lebt, dass er jeden Tag bei der Feier der Eucharistie den
lebendigen Heiland in den Händen hält, der kann mit eben

diesen Händen kein unschuldiges Kind zur Befriedigung seiner niedersten Triebe missbrauchen.« Aber warum konnten einige dies doch? Weil sie nicht mehr glauben würden! Und warum? »Ich denke, es ist eine Theologie, die längst vor dem Relativismus in die Knie gegangen ist.« Schuld am Missbrauch: Nicht eine Lebensform (Zölibat), die die Entfaltung der Geschlechtlichkeit als sündhaft verbietet, nicht eine Mentalität, die viele Amtsträger in psychosexueller Unreife festhält, sondern liberale Professoren, der »Augiasstall des Unglaubens, der aufgeräumt werden muss«. Missbrauch an so vielen Kindern: Bestätigung der modernitätsfeindlichen Ideologie!

Bezüglich der Bewertung dieser katholischen Nischen ist entscheidend, wie mit Andersdenkenden umgegangen wird, so in den sich als »katholisch« gebenden Chatforen »Kath.net« oder »Kreuz.net«. Vieles, was hier überzeugte ›Katholiken‹ von sich geben, ist boshaft, verletzend, untergriffig – und vor allem eines nicht: Respektvoll.

Als im Juli 2010 der frühere Bischof von Sacramento, Francis Quinn, mit der Idee an die Öffentlichkeit trat, ein drittes Konzil einzuberufen, wurde dies in Kath.net u. a. so kommentiert: »Was interessiert die Heilige Kirche irgendein Altbischof?« »Das kommt bestimmt nicht vom heiligen Geist, sondern vom eigenen Vogel!«

Im Juli 2010 wurde in diesem Chatroom eine Diskussion über die Katholizität des Religionsunterrichts losgetreten. Weihbischof Laun veröffentlichte den Brief einer 15-jährigen Schülerin, in dem sie klagte, wie sehr sie unter dem Religionsunterricht leide. Zum Zölibat, für sie »eine der schönsten Sachen, heilig und rein«, habe der Religionslehrer nur gesagt, er gehöre eh bald abgeschafft. Kaum katholische Themen wie die Realpräsenz Christi in der Hostie, sondern Islam, Ökumene – »eine Schande, so ein Spektakel überhaupt noch Religionsunterricht zu nennen, noch dazu römisch-katholisch!!« Sie fand enormen Zuspruch. Religionsunterricht, von Tausenden Lehrern engagiert erteilt, sei »Atheistenzüchtung«, die Lehrer gehörten »entlassen«, sie seien »Hosenscheißer«. »Personen mit kirchlicher Sendung, die den Religionsunterricht für ihre Zwecke missbrauchen: PASTORALUNGEZIEFER«. Solche Semantik war auch nach 1933 zu hören, ebenfalls »Konsorte«, wie im Dritten Reich Verräter bezeichnet wurden, in Kath.net aufgeschlossene Theologen.

Als der Theologe Paul Zulehner, *der* Experte für die pastorale Situation in Österreich, kritische Anfragen an die Ernennung von Ägidius Zsifkovics zum neuen Bischof von Burgenland stellte, nachdem Kardinal Schönborn versprochen hatte, es werde in Zukunft Bischöfe geben, die »freudig aufgenommen werden«: »Herr Zulehner und Konsorten sollten aus allen ihren Ämtern enthoben werden.« (8.7.2010).

Freilich, solche Hasstiraden entsprechen mitnichten der Position der offiziellen katholischen Kirche, die ihre ursprünglich geleisteten Zahlungen an kath.net eingestellt hat. Doch diese muss sich gleichwohl fragen, warum sich solche faschistisch anmutenden Äußerungen gerade auf sie berufen.

Eines hat Paul Zulehner zutreffend analysiert, nachdem Pfarrer Wagner zum Weihbischof von Linz designiert worden war: Die Kirche befindet sich in einer »Nach-rechts-schrumpf-Ghettoisierung«. Wenn nichts aus den vielen Skandalen gelernt wird, wird sie zum »heiligen Rest«, was ein Chatter ausdrücklich begrüßt: »Auch wenn alle vom Glauben abfallen, ein heiliger Rest wird bis zum Ende blei-

ben – so wie einst im Volk Israel.« Nüchtern vorausschau-
ende Bischöfe versuchen Gegensteuerung und »Schadens-
begrenzung«. Sie wissen, wie viel auf dem Spiel steht. Setzt
sich in Österreich die Entkirchlichung in der Weise fort,
wird die Quote der Katholiken im Zeitraum einer Gene-
ration unter die Quote von 50 Prozent fallen. Irgendwann
wird auch die Gesetzgebung dieser sozioreligiösen Entwicklung ›nachhinken‹ und das Konkordat diskutiert werden,
der völkerrechtliche Vertrag zwischen dem Vatikan und Österreich, der der Kirche enorme Rechte sichert. Diese Entwicklung setzte auch in der Bundesrepublik ein.

Mögliche Reformschritte

Die katholische Kirche ist in einer schwierigen Situation.
Kath.net (12. 10. 2009) konstatierte einen »mörderischen
Bürgerkrieg«, der seit dem Zweiten Vatikanum tobe. Dieses,
für alle Katholiken verbindlich, bewirkte unter vielen Laien
eine enorme Aufbruchstimmung, wird aber vom rechten
Flügel massiv in Frage gestellt und relativiert: zu einem
»Pastoralkonzil«, gültig für die 60er Jahre. Es habe eine »un-
fassbare Lawine des Ungehorsams« ausgelöst.

Aber in ihrer zweitausendjährigen Geschichte überstand
die Kirche viele Krisen. Auch und gerade, indem Konzi-
lien einberufen und neue Weichenstellungen vorgenommen wurden, exemplarisch in Trient als Herausforderung
durch die Reformation. Dieses setzte Beschlüsse durch, die
als ungewohnt empfunden wurden, so die Einrichtung von
Priesterseminaren, die Bestuhlung des Kirchenraumes und
Beichtstühle, woran sich Gläubige erst gewöhnen mussten.
Reformen wurden immer wieder vollzogen. Und das heißt:

Es können, jederzeit, auch neue erfolgen. Nicht nur in pastoralen Belangen, sondern auch in weltanschaulichen und theologischen Fragen, was oftmals langwierig und schmerzhaft ist.

Charakteristisch ist die Reform in der Einstellung zu den Menschenrechten. Diesbezüglich hat die Kirche »die Kontinuität ihrer Lehre« nicht gewahrt. Und das ist gut so. Der Ethiker Wolfgang Luttenberger legte schlüssig dar, dass diese Modifikation einem psychologischen Schema folgte, das Elisabeth Kübler-Ross anhand der Reaktion auf die Diagnose einer lebensbedrohenden Krankheit beschrieb: Nichtwahrhabenwollen, Auflehnung/Zorn, Verhandeln, Depression, Akzeptanz.

In die erste Phase fällt, dass christliche Stimmen, die Gewissens- und Religionsfreiheit postulierten (Erasmus von Rotterdam, Lessing), gar nicht gehört wurden. In der zweiten Phase erfolgte die zornige Auflehnung gegen den Menschenrechtsgedanken: Gregor XVI. (1832) bekämpfte ihn als »pesthaften Irrtum«, Pius IX. (1864) hielt für eine exkommunikationswürdige Ansicht: »Es steht jedem Menschen frei, diejenige Religion anzunehmen und zu bekennen, die man, vom Licht der Vernunft geführt, für wahr erachtet«[179]. Leo XIII.: »Es ist niemals erlaubt, die Gedankenfreiheit, Pressefreiheit ... zu fordern, zu verteidigen, oder zu gewähren«.

Doch der Druck aus der säkularen Welt wurde stärker. Es kam zu einer insofern »depressiven Phase«, als sich die Abwehr des Menschenrechtsgedankens nach innen richtete. Priesteramtskandidaten wurde das Lesen von Tageszeitungen verboten und 1910 für Priester und Theologen der Antimodernisteneid eingeführt. Aber 1963, in der Enzyklika »Pacem et Terris«, die volle Akzeptanz: »Zu den Rechten des Menschen ist auch dies zu zählen, dass er sowohl Gott nach der rechten Norm seines Gewissens verehren als auch *seine* Religion (kursiv A. B.) privat und öffentlich bekennen kann«[180] – eine diametral entgegengesetzte Position.

Was könnte ein drittes Vatikanum beschließen?

Den Zölibat freigeben und sich dafür auf älteste Traditionen berufen: Petrus! Frauen, denen gegenüber sich Jesus so befreiend verhielt, zum Altar zulassen. Bezüglich der Bischofsernennungen so verfahren wie in der Urkirche: Wählen. Als ein Nachfolger für Judas Iskariot zu ernennen war, stellten die Apostel zwei Kandidaten auf und warfen das Los, das auf Mathias fiel[181]. Der anwesende Petrus nahm sich nicht das Recht heraus, einen Nachfolger zu bestimmen – wie dies der Papst heute zu tun pflegt. Oder der Kirchenlehrer Hippolyt (um 220 n. Chr.), der »im heiligen Geiste, der aus ihm redete«, im zweiten Kanon der Kirchenordnung festhielt: »Der Bischof soll vom ganzen Volke gewählt werden.« Und nicht zuletzt Positionierungen innerhalb der Sexualethik revidieren, die im Lichte der neueren Humanwissenschaft obsolet sind.

Befürchtet wird oft, eine Kirche, die ihre Positionen ändere – was auch das Lehramt immer wieder tat, obschon es Kontinuität behauptete –, verspiele Autorität. Dem ist eine Erkenntnis der Lehrerforschung entgegenzuhalten: Gerade solche Lehrer, die Fehler eingestehen und zugeben, Dinge auch nicht zu wissen, steigen in der Achtung der Schüler und erlangen Autorität, die glaubwürdig ist, und nicht rein funktional oder formal. Kirche, Veränderungen eingestehend, könnte für viele aufgeklärte Zeitgenossen ihre Autorität glaubwürdiger machen.

Freilich, solche Reformen würden von den Traditionalisten kaum mitgetragen, sondern sie darin bestärken, dass der

Unglaube, der immer wieder verteufelte »Zeitgeist« auch unter den Bischöfen und Kardinälen Einzug gehalten haben. Es sei denn, Maria würde an einem ihrer Erscheinungsorte kundtun, sie habe mit Gott Vater beratschlagt, und sie seien zum Schluss gekommen, dass auch ein Priester mit seiner Partnerin das Sakrament der Ehe empfangen dürfe.

Zumindest für den mitteleuropäischen Raum muss sich die Kirchenleitung entscheiden, was sie will. Sich hinter erz-katholische Nischen stellen, in denen Minoritäten gewiss viel Begeisterung und Engagement leben, auch soziales? Aber damit noch mehr breite Kirchenkreise in die Resignation treiben? Noch gibt es die Reformgruppen, in diesen einflussreiche und verdiente Persönlichkeiten, zutiefst Katholiken geblieben, aber nicht mehr länger gewillt, nicht ernst genommen zu werden. Viele von ihnen erfahren, dass ihre eigenen Kinder ihr kirchenreformerisches Engagement durchaus würdigen, aber wohlwollend belächeln. Als meine älteste Tochter, um ihre Matura herum, mein Buch »Braucht Mutter Kirche brave Kinder« anlas, sagte sie mir, gar nicht gewusst zu haben, dass ich so komische Probleme habe. Wenn auch die Ressource der Kirchenvolksbegehrer verdunstet, steht die Kirche in Gefahr, ihr volkskirchliches Fundament noch mehr zu verlieren – und damit auch Ein-flussmöglichkeiten auf die weitere politische Gestaltung der Zukunft.

Möglich sind auch Reformen auf mittlerer oder unte-rer Ebene, etwa in der Ausbildung von Theologen, speziell Priestern. Im Februar 2010 forderte der Hamburger Erz-bischof Werner Thissen eine »Reform der Priesterausbil-dung«, weniger dahingehend, dass mehr Philosophie, spe-ziell Metaphysik studiert wird (so vom Vatikan gewünscht), sondern Sexualität intensiver zur Sprache gebracht wird.

Der Psychiater Reinhard Haller, der auch mit Priestern arbeitete, die sich an Kindern vergingen, berichtet, wie einer erzählte, das Thema Sexualität sei im Seminar ein einziges Mal auf dem Lehrplan gestanden. Der Vortragende: »Was wir heute besprechen sollten, wissen Sie ja ohnedies. Also: Nächstes Thema.« Der emeritierte Theologieprofessor Häring weiß von Priestern, die aus purer »Dummheit« und Unkenntnis in unschöne sexuelle Geschichten hineinschlitterten. Auch Seminaristen, mit denen ich in der letzten Zeit sprach, hielten die Thematisierung von Sexualität für dürftig – wie denn auch, wenn die Regenten offiziell keine entsprechenden Erfahrungen machen dürfen!

Aufgrund des Missbrauchskandals begannen Priesterseminare, Priesteramtskandidaten psychologische Eignungstests vorzulegen, um ihre sexuellen Neigungen und ihre Persönlichkeitsstärke zu eruieren. Zusätzlich ließe sich feststellen, ob die Kandidaten zu dem vom Sozialphilosophen Theodor Adorno untersuchten autoritären Persönlichkeitstypus gehören: Neigung zu Autoritarismus, Konformität, pessimistische Sicht des Menschen (von ›Natur‹ aus sündhaft), Geringschätzung der Frau – Eigenschaften, die die klerikale Kirche über Jahrhunderte prägten und nach wie vor prägen. Verstärkt im Fokus der Priesterausbildung müssten kommunikative Kompetenzen stehen. Vor allem: Reife, was insofern eine Crux ist, als das Leben unter dem Schutzmantel von »Mutter Kirche« und »Heiligem Vater« Personen mit entsprechenden, kindlichen Einstellungen anzieht.

Noch mehr als strukturelle Reformen täten innere Wandlungen not. Kirchenreformer wurden oft vertröstet, zuerst müsse mehr gebetet wurden: für tieferen Glauben, die Umkehr der Herzen. Zu letzterem gehört auch eine Reform des zwischenmenschlichen Umgangs: Aufeinander hören, auch die Laien. Theologische Argumente zulassen und sie nicht mit Machtgebärden abwürgen wie die Diskussion um das Priesteramt der Frau: »Nun ist die Frage aber im anderen Sinn entschieden, der Papst hat klar gesagt, die Priesterweihe der Frau sei theologisch nicht möglich.« – so Universitätsdozent Andreas Laun.

Und vor allem: Auf untergriffige Attacken, oft hasserfüllt, zu verzichten. Nur wer selber »Ungeziefer« in sich trägt, kann Religionslehrer als »Pastoralungeziefer« beschimpfen. Dazu gehört die Kompetenz, Projektionen auf andere zu durchschauen, wozu Psychologie sensibilisiert – eine Humanwissenschaft, die die Kirche bis zum Zweiten Vatikanum suspekt betrachtete, konservative Kirchenkreise nach wie vor. Bezeichnend für die Berührungsängste mit der Psychologie ist, wie noch 2009 mit einem Priesteramtskandidaten verfahren wurde, der in mündlichen Prüfungen enorme psychische Probleme hatte. Eine Therapie wurde von der Seminarleitung abgebrochen – der Alumne wäre nicht der erste gewesen, der beim Therapeuten seine Berufung hinterfragt hätte.

Kirche lebt von Gottesdienst. Viele Priester und auch Laien gestalten hervorragende Liturgien, auch für Kinder, in denen bei den rhythmischen Liedern Freude spürbar wird. Aber vielfach werden Eucharistien von alten Männern heruntergelesen, mit hüstelnder Stimme – kein Wunder, wenn das Durchschnittsalter des Klerus über sechzig liegt – die Freigabe des Zölibates könnte Abhilfe schaffen. Viele Gottesdienstleiter gehen souverän mit den Texten um, verzichten darauf, sich die Gläubigen dreimal schuldig bekennen zu lassen, sondern lassen sie spüren: »Schön, dass Sie alle gekommen sind! Gut, dass Sie sind!« Wenig ist fataler, als in einer zu drei Viertel leeren Kirche zu jammern, wie wenig noch in die Kirche gehen – was ich zu oft gehört habe. Und die Predigten: Sie können mitreißen, wenn in ihnen Lebens- und Glaubensgeschichten erzählt werden, auch mit Humor, aber sie können auch Inbegriff von Langeweile und Morali- sieren werden, das zumeist das Gegenteil bewirkt.

Eine zentrale These dieses Buches lautet: Die Kirche leis- tet psychologisch der Infantilisierung und Fixierung auf kindlichen Entwicklungsstufen Vorschub.

Der 2000 verstorbene Bischof von Fulda, Johannes Dyba, schrieb zum kirchlichen Wirken: »Immer ist es eine Be- ziehung von Kindschaft und Autorität«. Vordringlich ist infolgedessen eine ›entwicklungspsychologische‹ Reform. Diese könnte sich an bewährten Theorien der Glaubensent- wicklung orientieren, etwa der des amerikanischen Pasto- ralpsychologen James Fowler. Als typisch für das Kindes- alter beschreibt er einen mythisch-wortwörtlichen Glauben. Charakteristisch für diesen ist, dass religiös biblischer Spra- che aufs Wort geglaubt wird und es undenkbar ist, religiöse Autoritäten zu hinterfragen. Zudem wird rigide unterschie- den zwischen den ›Guten‹, die belohnt werden, und den ›Bösen‹, die die Strafe ereilen wird – wenn nicht auf Erden, dann im Jenseits. Fowler zufolge wird diese Stufe in der Pu- bertät überwunden, allerdings nicht von allen, besonders nicht in fundamentalistischen Milieus. In den katholischen chatrooms findet man dieses Muster noch und noch: Was das päpstliche Lehramt verlautbart: Unhinterfragbar und aufs Wort zu glauben; wer kritisch fragt, ungläubig, auf dem Weg ins Verderben!

Darauf folgt der synthetisch-konventionelle Glaube. Man glaubt, was die anderen glauben, die Tradition vor- gibt, schon immer Brauch war. Dies lässt an die Volkskirche denken, in die man geboren wurde, und die kaum in Frage gestellt wird. Auf dieser Stufe, typischerweise in der Adoleszenz, kann Gruppendruck stark sein, auch weltanschaulich-religiös. Kaum vor dem Erwachsenenalter entwickeln Männer und Frauen – wenn überhaupt – den individuierend-reflektierenden Glauben. Er beinhaltet die bewusste Entscheidung für eine Glaubensrichtung oder spirituelle Gemeinschaft, die gelegentlich nach einem Bekehrungserlebnis getroffen, aber vor der eigenen Vernunft und dem Gewissen verantwortet wird – und nicht vor religiösen Autoritäten. Dies geht einher mit hohem Respekt vor den Glaubensentscheidungen anderer, mit Toleranz und Freiheit. Die ausgrenzende Trennung zwischen Rechtgläubigen und Ungläubigen wird als primitive Spaltung durchschaut. Diese Glaubensform kann unbequem werden, wenn sie von Fundamentalisten als fehlende Demut, Hoffart, Stolz und Beliebigkeit verunglimpft wird.

Noch seltener ist Fowler zufolge der verbindende Glaube. Dieser strebt nach Komponenten, die religiösen Traditionen gemeinsam sind, sie verbinden, und damit auch die Menschheit als ganze. Fowler unterhielt sich mit »spirituell weit entwickelten Persönlichkeiten«, auch einer siebzigjährigen Frau. Sie beteuerte, es sei zweitrangig, ob die göttliche Wirklichkeit Krishna heiße, oder Allah, Gott, kosmischer Christus, oder wie auch immer – entscheidend, dass sie ist, symbolisiert als Licht, wie in allen spirituellen Traditionen bezeugt.

Wenn Menschen mit diesem Glaubensverständnis miteinander ins Gespräch kommen, vertun sie ihre Zeit nicht damit, sich orthodox zu profilieren, schlimmstenfalls andere zu exkommunizieren. Vielmehr bemühen sie sich um tiefes Verstehen und darum, gemeinsam, aber jede/r auf seine Weise, dem »letzten Geheimnis«, wie Rahner über Gott schrieb, die Ehre zu erweisen.

Zu den Reformen in der Kirche würde gehören, die Entwicklung zu einem verbindenden, wenn nicht universalen Glauben zu unterstützen. Förderlich ist eine Haltung der Offenheit, der Abschied vom Anspruch, die einzig wahre Kirche zu sein, speziell gegenüber der evangelischen Geschwisterkirche – an der Basis wird diese Ökumene ohnehin längst gelebt! Ebenfalls theologische Demut gegenüber *der* Wahrheit: Paulus, in seinem wunderschönen Kapitel 13 des Korintherbriefes, schreibt: Stückwerk sei unser Erkennen, so lange wir auf dieser Welt leben. Die Wahrheit: Erst wenn wir in Gott sind.

Entwicklungsfeindlich ist Dogmatismus, der oft zwangsneurotisch geprägt ist. Ebenso das über Jahrhunderte praktizierte Befehlsgehabe. Früher mit dem monströsen Pluralis Majestatis, wenn der Papst »Wir« sagte und sich meinte. An heutige Verlautbarungen hätten sich Erwachsene weniger wegen den vorgetragenen »Beweisgründen« zu halten, sondern weil das vom Heiligen Geist erleuchtete Lehramt sie von sich gab. Dieser autokratische Erziehungsstil, der Heranwachsende auf kindliche Gehorsamsmuster fixiert, ist aus den meisten mitteleuropäischen Kinderzimmern verschwunden. Nicht aber in der klerikal-hierarchischen Kirche.

Zurückhaltender zu verwenden wären viele in der Kirche beliebte Titel und Bilder, nicht nur »Mutter Kirche«, was lebensgeschichtlich früheste Muster anrührt, sondern auch »geistliche Väter«, oder »Heiliger Vater«, was gut gemeint sein mag, aber mittelalterlicher Unfug ist, »da es für Christen nur einen einzigen heiligen Vater gibt: Gott!« Und: Solange es in der Kirche noch »geistliche Herren« gibt, die gerne um den Altar konzelebrieren, ihre Hände auf die Bäuche gelegt, und von denen viele großen Wert auf Titel legen – Konsistorialrat, Monsignore, Prälat –, solange gibt es Knechte. Dieses Herrschaftsgefälle trachtete Jesus zu überwinden: »Ich nenne euch nicht mehr Knechte, denn der Knecht weiß nicht, was sein Herr tut …« Für kritische Theologen trifft dies geradezu fatal zu, wenn Verfahren gegen sie abgewickelt werden, ohne dass Akten eingesehen werden können. Anders Jesus: »Euch habe ich Freunde genannt«[182]. Eine Kirche erwachsener Christen braucht zwar auch Strukturen, lebt aber – so Rudolf Schermann – als »gleichrangige Brüder und Schwestern, die ihren Geistesgaben entsprechend allesamt zum Wohl der ganzen Kirche beizutragen haben, ganz gleich, ob sie das Papstamt bekleiden, Pfarrer oder Postbeamte sind.«

Geist bleibt

Wie wird sich die katholische Kirche in einem halben Jahrhundert, im Jahre 2060 präsentieren?

Ein mögliches Szenario: Der Kirche in Österreich gehören noch 29 Prozent der Bevölkerung an. Die Kathedralen und Dome werden zwar weiterhin von Tausenden Menschen, Touristen, besucht, aber die Gottesdienste nur noch von einer Handvoll. Jeder vierte Österreicher ist muslimisch. Anders als rechtspopulistische Parteien an der Jahrtausendwende prognostizierten, haben sich die Muslime bestens integriert und tragen den Staat mit, selbst in Ministerfunktionen. An die muslimischen Gebetshäuser hat man sich gewöhnt, wie einst die bajuwarischen Vorfahren sich an die christlichen Gotteshäuser. Die ehemals großen sozialen Institutionen, speziell Caritas, sind nicht mehr an die Kirche gebunden, sondern autark. An den Schulen ist jedes dritte

Kind muslimisch. Es wird nicht mehr kirchlich verantworteter Religionsunterricht erteilt, sondern ein Fach »Ethik und Religionskunde«, verpflichtend für alle. Dagegen hatte sich die Kirche lange gewehrt, mit dem auch in der aktuellen Diskussion oft zu hörenden Argument, sie allein könnte unbedingte Werte verbürgen. Doch dies kann auch der Staat. Immerhin hat dieser die Menschenrechte der Kirche abtrotzen müssen, die sich – hernach – gerne mit diesen brüstete. An den Universitäten wurden die theologischen Fakultäten in Institute für Religionswissenschaft umgewandelt. Die wenigen Priester, immer noch zum Zölibat verpflichtet, werden in kircheneigenen Hochschulen ausgebildet – ein Szenario, mit dem die katholische Kirche auch jetzt liebäugelt.

Ähnlich wie in der Urkirche sind die wenigen Priester gleichsam Kleinbischöfe einer Anzahl von Pfarreien, in denen vielenorts, um Marienfiguren versammelt, Gebetsgruppen zusammenkommen, gelegentlich zu Eucharistiefeiern, mit lateinischem Hochgebet. In einigen Pfarren werden wenige Kinder auf die Eucharistie vorbereitet, einige Jugendliche auch gefirmt, allerdings erst mit zwanzig Jahren und aufgrund bewusster Entscheidung. Die meisten Verstorbenen werden neben den Kirchen zur ewigen Ruhe gebettet, viele von privaten Bestattungsunternehmen, die in ihrem Angebot auch Grabreden und besinnliche Musik haben. Aber in der Mitternachtsmette sind die Kirchenbänke bis zum letzten Platz gefüllt.

Der Vatikan versuchte vereinzelt Evangelisierungskampagnen im Missionsgebiet Europa, wie der Kontinent schon an der Schwelle zum dritten Jahrtausend bezeichnet wurde. Aber seine Energien richtete er vermehrt nach Lateinamerika, Afrika und in den Fernen Osten, wohin sich auch die Schaltstellen der Weltwirtschaft verlagert haben. Dort habe die Kirche Zukunft, und weniger im Abendland, dessen Geschichte sie zweitausend Jahre prägte. In der Tat: In Afrika stieg die Anzahl Katholiken von 55 Millionen im Jahre 1978 auf 150 Millionen um 2010, betreut von Priestern, die vielfach mit ihren Frauen und Kindern leben – woran die Nachkommen der von verheirateten Medizinmännern betreuten Ureinwohner keinerlei Anstoß nehmen. Im Vatikan, der die Menschenrechtskonvention noch immer nicht unterschrieben hat – der aber seine Finanzen der EU gegenüber offen legen muss und nicht mehr so leicht Geld waschen kann –, arbeiten viele Schwarze und Männer aus Lateinamerika. In der darum liegenden Stadt Rom besuchen noch wenige Prozente die Kirche.

Ein mögliches Szenario. Doch meistens läuft die Geschichte anders, auch in der Kirche. Aber sollte es eintreten, würde es keineswegs die Entchristlichung des Abendlandes bedeuten. Dass unser Zusammenleben weitgehend durch die Menschenrechte normiert wird, die allen Männern und Frauen in gleicher Weise und »ohne Ansehen der Person« zukommen (eine biblische Formulierung: 1 Petr 1,17), ist christliches Erbe, wurde aber in der Kirchengeschichte geradezu tragisch verschüttet. Ebenso die hohe Wertschätzung des Kindes in der Erziehung, speziell der »vom Kinde aus«: Jesus stellte es in die Mitte und würdigte es als Vorbild – vielen Jungen und Mädchen erging es in der Kirche diametral entgegengesetzt. Gerade der Rückgang an klerikalem Machtgehabe: ein Mehr an Humanisierung und Christianisierung!

Und schon gar nicht bedeutete eine solche Entwicklung das Verdunsten von Religiosität. Dies unterstellt die von Johannes Paul II. so oft angeprangerte »Kultur des Todes« in der modernen Welt, die materialistisch, hedonistisch, relativistisch, gottlos sei. Vielmehr kann es zu einer Freisetzung von »Spiritualität« kommen, die die Kirche jahrhundertelang monopolisierte. Zusehends mehr Menschen verstehen sich als gläubig, als spirituell, aber mach(t)en die Erfahrung, dass diese Bedürfnisse in der Kirche nicht mehr gestillt werden.

Bezeichnend ist der spirituelle Weg, den David Elkins beschritt. Er war Prediger in einer evangelikalen Bewegung, deren Einstellungen er teilte: Der Mensch sündhaft, Homosexualität: wider die Natur und Gott. Zusehends begann er solche Diskriminierungen zu hinterfragen und geriet mit seinen Vorgesetzten in Konflikt, bis sie ihn entließen. In dieser »dunklen Nacht der Seele« begann er eine Psychotherapie, die an der Tiefenpsychologie von C. G. Jung orientiert war. Seinen individuellen spirituellen Weg charakterisierte er so: Aus den Mauern der Religion, die zwar Sicherheit gewähren, aber einengen, hinaus in die spirituelle Landschaft. Es gelang ihm, abgespaltene psychische Realitäten zu integrieren. So das Weibliche, charakterisiert als »beziehungsfähig, intuitiv, emotional und fruchtbar«. Das christliche Abendland habe einseitig das Maskuline betont und das Weibliche abgespalten, bald dämonisierend (Eva), bald himmlisch entrückt und entfleischlicht: Maria. Als integrativ erfuhr er fortan Seele und Leib, und Sexualität, ein vorzüglicher Weg zu Gott. Der Prüfstein für Spiritualität sei die Qualität der Beziehungen, charakterisiert durch Empathie, Respekt, Freiheit – und nicht durch Autorität, Unterordnung, Verfügung. Vor allem fand er eine tiefere Bindung zur Natur, dem Mutterschoß unseres Lebens, wovon wir nur ein kleiner Teil sind. Diesen spirituell-ökologischen Weg beschritt – nicht mehr innerhalb der amtlichen Kirche – auch Boff. Kern von Spiritualität: Verbundenheit, horizontal mit

Natur, Kosmos und sozialer Mitwelt, einschließlich den tausenden Generationen unserer Vorfahren, ohne die wir nicht wären; vertikal mit Gott.

Der Dichter Rainer Maria Rilke, dessen Kindheit durch und durch katholisch war, schrieb drei Jahre vor seinem Tod:»Mehr und mehr kommt das christliche Erlebnis außer Betracht; der uralte Gott überwiege es unendlich. Die Anschauung, sündig zu sein und des Loskaufs zu bedürfen als Voraussetzung zu Gott, widersteht immer mehr einem Herzen, das die Erde begriffen hat.« Rilke, für den Gott in der Kindheit am Kreuz hing oder oben im Himmel war, ein »Erzpatron«, erlebte diesen fortan in den Armen von Frauen, während einem Sonnenuntergang auf Capri, in der Weite der russischen Landschaft, in den dankbaren Augen einer alten Frau in Paris, der er eine Rose schenkte – aber nicht mehr in einer Kirche, die das Irdische abwertete, speziell das Geschlechtliche, für ihn die »Wurzel allen Erlebens«, wodurch niemand anders als Gott selber gekränkt worden sei.

Dass der Mensch ein spirituelles Wesen ist – und bleibt, auch wenn die Kirchen vielleicht bald Museen sind – akzentuieren Gehirnforscher. Andre Newberg verweist auf die dem menschlichen Gehirn inhärente Fähigkeit, sich verbunden zu fühlen, nicht nur mit der Natur, sondern auch einem göttlichen Wesen, von dessen Existenz eine Mehrheit der Menschen überzeugt blieb – trotz jahrhundertelanger Religionskritik. Lokalisiert wird diese Fähigkeit im Schläfenlappen, dessen Hyperfunktion Epilepsie auslösen kann, wie viele hervorragende spirituelle Persönlichkeiten sie durchlebten, so der Dichter Dostojewski, vermutlich auch Mohammed und Paulus. Sich getragen wissen, auch über den Tod hinaus, stärkte Zuversicht und war und ist evolutionär dem Überleben förderlich. Es ist ein grundsätzlich anderes, positiveres Lebensgefühl, wenn sich Menschen in ein göttliches Sein eingebettet erfahren, als wenn sie einem Gott gegenüberstehen, in dessen Augen sie so sündhaft sind, dass dieser sein Liebstes habe ›schlachten‹ lassen müssen, um den Menschen wieder gewogen sein zu können.

Immer wieder setzte sich im Christentum diese ursprüngliche, unverdiente Erfahrung des Angenommenseins und der Verbundenheit durch: in der Einheit Jesu mit dem ›Vater‹; bei Franziskus, der die Natur vertraut wie eine Familie erlebte; in der Mystik des Teilhard de Chardin, für den wir nicht menschliche Wesen sind, die geistige Erfahrungen machen, sondern spirituelle Wesen, die menschliche Erfahrungen machen. Die Kirche hat das Potenzial in sich, diese spirituelle Tiefendimension offen zu halten, weniger durch Reglemente und Verbote – diese haben den Geist so oft ausgesperrt –, sondern dadurch, dass dem Menschen positiv zugesprochen wird, unbedingt gewollt und geliebt zu sein, was aber nur dann glaubwürdig wird, wenn Entsprechendes erfahren wird – auch und gerade in der Kirche.

Das Buch begann mit der Schilderung des Covers und der Frage, warum sich dieser Mann, unschwer als Priester zu erkennen, von hinten einem Kind nähert. Könnte nicht auch sein: Er nähert sich, von vorne, mit dem Segen der Kirche seiner Frau, ohne Tücke, sondern voller Liebe, nicht gegen ihren Willen, sondern von ihr erwartet, um in den tiefen Strom des Lebens einzutauchen, sich in die lange Kette der Evolution einzuklinken und den biblischen Schöpfungsauftrag zu erfüllen: »Liebet und mehret euch«[183].

Der Autor dankt Mag. Jensy Meindl für die wertvolle Hilfe beim Recherchieren und Kürzen der Erstfassung.

Abkürzungen

CIC   Corpus Juris Canonici: Codex des kanonischen Rechts, herausgegeben im Auftrag der Deutschen Bischofskonferenz, Kevelaer: Butzon & Bercker.
Das verbindliche Kirchenrecht, wie es 1983 in Kraft trat und den CIC von 1917 ablöste. Besteht aus 1752 Bestimmungen, die üblicherweise als »Kanones« bezeichnet werden. Zitiert werden jeweils die einzelnen Kanones.

DS   Denzinger, H.: Kompendium der Glaubensbekenntnisse und kirchlichen Lehrentscheidungen, hg. von Peter Hünermann, Freiburg i. Br.: Herder 2004.
Enthält die verbindlichen Lehraussagen der Kirche beginnend mit den ersten einfachen Bekenntnissen bis zu Verlautbarungen von Papst Johannes Paul II. Zitiert werden die einzelnen Abschnitte.

GL   Gotteslob. Katholisches Gebet- und Gesangbuch, hg. von den Bischöfen Deutschlands und Österreichs und der Bistümer Bozen-Brixen und Lüttich.
Zitiert werden jeweils die Nummern.

KKK   Katechismus der Katholischen Kirche, München: Oldenbourg 1993.
Üblicherweise auch als »Weltkatechismus« bezeichnet, gemäß dem eigenen Anspruch »eine organische Synthese der wesentlichen und grundlegenden Inhalte der katholischen Glaubens- und Sittenlehre«. Zitiert werden die jeweiligen Nummern.

Kompendium   Katechismus der Katholischen Kirche. Kompendium, hg. von der Deutschen Bischofskonferenz, München: Pattloch 2005.
Das Kompendium versteht sich – so Papst Benedikt XVI – als eine »getreue und sichere Zusammenfassung des Katechismus der Katholischen Kirche« und ermögliche, »in einer Gesamtschau das ganze Panorama des katholischen Glaubens zu überblicken«. Zitiert wird aus den insgesamt 598 Nummern.

Anmerkungen

Eine ausführliche Bibliografie finden Sie im Internet
unter www.antonbucher.at

Einleitung

1   KKK 2040
2   Mt 16,26

Erstes Kapitel

3   DS 4836
4   Mt 18,3
5   Mt 18,6
6   CIC 1752
7   Stern 22.2.2010
8   Stern, 10.2.2010
9   ZEIT, 8.5.2002
10 ZDF 21.2.2010

Zweites Kapitel

11 Mt 8, 14–15
12 Mt 19,12
13 2 Kor 11, 23–32
14 1 Kor 7,1
15 1 Kor 7,7
16 1 Kor 7,9
17 1 Kor 7,25
18 1 Tim 3, 2 f.; vgl. Titus 1,6 f.
19 CIC 1087
20 DS 1809
21 CIC 245
22 CIC 246
23 KKK 2338

24 KKK 2222
25 KKK 2221
26 Gen 1,28
27 KKK 2223
28 Mk 10,14
29 Sacerdotalis caelibatus 57
30 Mt 19,3–9
31 Dtn 24,1

Drittes Kapitel

32 30,12
33 Hebr 12,6
34 Eph 6,1–4
35 Hebr 12,6
36 KKK 2030
37 DS 3008
38 2,43 f.
39 KKK 532
40 Nr. 617
41 Nr. 941
42 Nr. 59
43 Nr. 599
44 Nr. 605
45 Nr. 858
46 CIC 833
47 Mt 5,34
48 Mt 5,37
49 CIC 273
50 DS 3394
51 CIC 377

Viertes Kapitel

52	DS 1810	91	Lev 18,22
53	Kompendium 491	92	Lev 20,13b
54	Hld 7,2–4, 12	93	1 Kor 6,9
55	Ex 20, 14	94	1 Röm 1,27
56	Kompendium 493	95	DS 2044
57	KKK 2331	96	Nr. 137, S. 10
58	KKK 2333	97	DS 4583
59	KKK 2337	98	KKK 2358
60	KKK 2338	99	KKK 2359
61	KKK 2350	100	KKK 2358
62	1961: 18. Auflage	101	KKK 2357
63	Kompendium 502	102	www.hauskirche. at/rat/ lebenshilfe.php?exp=2
64	KKK 2390	103	Familiaris Consortio, 84
65	StGB 207	104	Mk 6,3
66	KKK 2353	105	Gal 1,19
67	KKK 2366	106	Lk 1,26
68	Familiaris Consortio 32	107	Lk 1,48 b
69	DS 3716	108	DS 3074
70	DS 3716, Gen 38,8	109	DS 3074
71	DS 3718	110	Gaudium et Spes, 29
72	DS 3717	111	DS 2802
73	Gaudium et Spes 50	112	Mk 3,20f
74	DS 4550	113	Mk 3,31f.
75	Humanae Vitae, Abschnitt 15	114	Dtn 21,23
76	DS 4475	115	DS 252
77	Humanae Vitae, 17	116	DS 1880
78	Mt 18,3	117	Leo der Große um 450, DS 294
79	DS 3720	118	DS 748
80	DS 3721	119	KKK 499
81	Gaudium et Spes 51	120	KKK 506
82	Evangelium Vitae 13	121	KKK 496
83	CIC 1398	122	Martyrologium Romanum 2004
84	CIC 1314	123	Röm 16,7
85	KKK 2352	124	Lk 8,1–3
86	Gen 38,9b	125	Gen 1,27
87	Gal 5, 19 f.		
88	DS 688		
89	DS 4584		
90	KKK 2352		

Sach- und Personenregister

68er Bewegung 36, 69, 86 f.

A
Ablass 66, 133, 136, 149, 164
Abtreibung 60, 88, 90–94
Adam 7, 134, 136 ff., 141
AIDS 101
Alexander VI. 55
Altermatt, U. 152
Anselm von Canterbury 142
apostolische Sukzession 52
Augustinus 68, 96, 124, 134 ff.,
142

B
Beichten 36, 151, 153
Beichtspiegel 156
Beichtstuhl 32, 133, 147, 149–154
Ben Chorim 51
Benedikt XVI. 35, 37 f., 60 f., 71,
87, 135, 138, 154, 165, 179 f.
Bernhard von Clairvaux 114, 120
Boff, L. 11, 14, 203
Bosco, G. 28, 69
Brautmystik 119
Buße 96, 148 f., 156, 160
Bußerziehung 157

C
Canisius-Kolleg 27, 33, 38
Caritas 14, 166, 200
Chrysostomus, J. 101, 124

D
Deutsche Bischofskonferenz 8,
33, 86
Dogma 9, 11, 111, 114 f.
Dogmatismus 199
Doppelmoral 8, 15, 43, 51, 65
Doyle, T. 22, 39
Drewermann, E. 11, 40, 138, 152,
155
Dyba, J. 197

E
Ebertz, M. 164
Ebner, M. 119
Eder, G. 131, 155, 176 f.
Ehe 8, 41, 51 f., 54 f., 59, 64, 79,
81 f., 84 f., 87, 91, 102, 106 ff.,
110, 113, 117, 139, 186 f.,
194
Ehelosigkeit 50 ff., 57, 74
Empfängnisregelung 8, 92, 186
Empfängnisverhütung 83, 90,
92, 109
Erbschuld 68, 115, 157
Erbsünde 32, 96, 98, 114, 133,
135, 137 ff.

PETER DAL-BIANCO | PETER WALLA

VER_{RÜCKT}
WAS UNSER GEHIRN ALLES KANN
SELBST WENN ES VERSAGT

MIT EINEM VORWORT VON
MANFRED SPITZER

200 Seiten in Hardcover
ISBN: 978 3 902533 500
EUR 21,90 | SFR 39,50
Erscheint Ende Oktober 2010

Unser Handeln im Alltag wird vom Unterbewussten weitaus stärker kontrolliert als wir glauben. Unser »kulturelles Bewusstsein«, damit verbunden unsere Weltanschauung, wird schon in der Kindheit durch unterbewusste und unbewusste Einflüsse geprägt.

Was bedeuten solche Erkenntnisse der modernen Hirnforschung für unser Leben? Ob beispielsweise Depressionen überhaupt als Krankheit gesehen werden, hängt davon ab, in welcher Kultur man aufgewachsen ist. So gibt es bei türkischen Zuwanderern weitaus mehr Selbstmordversuche als bei Österreichern und Deutschen; betroffen davon sind vor allem Frauen. Ist Homosexualität eine Krankheit? In der »Kultur« der katholischen Kirche – ja!

Unser Gehirn ist zwar ein Produkt der Natur, aber auch ein Spiegelbild unser Kultur. In diesem leicht verständlichen Buch zeichnen die beiden Hirnforscher Peter Walla und Peter Dal-Bianco das Bild von einem Gehirn, das lebenslang einem Anpassungsprozess unterworfen ist.

1 CD mit Begleitheft, ca. 70 Min.
Autorengespräch
ISBN: 978 3 902533 203
EUR 14,95 / SFR 28,90

Inhalt

Harald Lesch

ist Professor für Theoretische Astrophysik an der Universität München und Professor für Naturphilosophie an der Hochschule für Philosophie der Jesuiten in München. Als Fernseh-Moderator der ZDF-Sendung »Abenteuer Forschung« ist er einem breiten Publikum bekannt.

4 CDs mit Begleitheft,
Jewelcase, ca. 300 Minuten
Autorengespräch
ISBN: 978 3 902533 265
EUR 29,90 I SFR 49,90

Wie entwickelt sich ein Kind in den ersten zwölf Lebensjahren? Was ist angeboren, und wie formt die Gesellschaft das Kind? Wie lernt ein Kleinkind die Muttersprache, und was spielt sich dabei im Gehirn ab? Wie unterscheidet sich ein Zehnjähriger geistig von einem Sechsjährigen? Die beiden angesehenen Psychiater Manfred Spitzer und Norbert Herschkowitz behandeln auf diesen vier Hörbüchern auch zahlreiche praktische Fragen: Können Eltern ihr Kind fördern? Was hat ein Kind vom Kindergarten? Wie lernt es am besten in der Schule?

Manfred Spitzer

studierte Medizin, Psychologie und Philosophie in Freiburg. Leitet seit 1998 die Psychiatrische Universitätsklinik in Ulm. Im Jahr 2004 gründete er das »Transferzentrum für Neurowissenschaften und Lernen« an der Universität Ulm. Manfred Spitzer ist Vater von sechs Kindern.

Norbert Herschkowitz

Kinderarzt und Hirnforscher, Gastprofessor an der Harvard-Universität, leitete 25 Jahre lang die Abteilung für Entwicklung und Entwicklungsstörungen an der Universitäts-Kinderklinik in Bern. Norbert Herschkowitz ist verheiratet und Vater zweier Kinder.